季刊 考古学 第7号

特集 縄文人のムラとくらし

- 口絵(カラー) 北海道の縄文集落
  - 東北の縄文集落
  - 関東の縄文集落
  - 沖縄の貝塚中期集落
- (モノクロ) 北海道の縄文住居址
  - 縄文時代の配石遺構
  - 縄文時代のおとし穴
  - 縄文集落の周辺

縄文の集落 ——————————————— 林 謙作 (14)

「村落」のなかの集落

遺跡群の構成 ——————————————— 武井則道 (20)
集落の構成 ——————————————— 鈴木保彦 (27)
集落と物資の集散 ——————————————— 安孫子昭二 (34)

集落の構成要素

縄文時代の竪穴住居 ——————————————— 宮本長二郎 (38)
狩猟・漁撈の場と遺跡 ——————————————— 西本豊弘 (45)

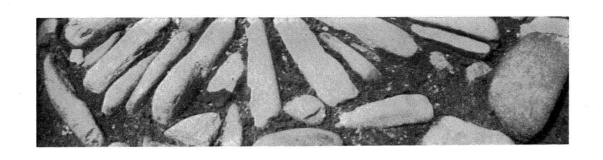

縄文集落の周辺

　旧石器時代の集落 ———————————— 小野　昭 (50)
　弥生時代の集落 ———————————— 小宮恒雄 (55)
　中国新石器時代の集落 ———————— 町田　章 (60)
　朝鮮半島先史時代の集落 ——————— 西谷　正 (64)
　北米大陸北西沿岸インディアンの集落 —— スチュアート・ヘンリ (68)
　東南アジア焼畑農耕民の集落 ————— 宮本　勝 (73)

最近の発掘から

　低湿地の縄文遺跡　福井県三方町鳥浜貝塚 ———— 網谷克彦 (81)
　縄文後〜晩期の墓地　北海道千歳市美々4遺跡 ——— 森田知忠 (83)

連載講座　古墳時代史

　7．古墳の変質 (1) ———————————— 石野博信 (85)

講座　考古学と周辺科学 5

　植物学 ———————————————————— 辻誠一郎 (90)

書評 ———————— (95)
論文展望 —————— (98)
文献解題 —————— (100)
学界動向 —————— (103)

表紙デザイン／目次構成／カット
／サンクリエイト・倉橋三郎
表紙／協力千葉市立加曽利貝塚博物館

北海道の縄文集落
北海道静川16遺跡

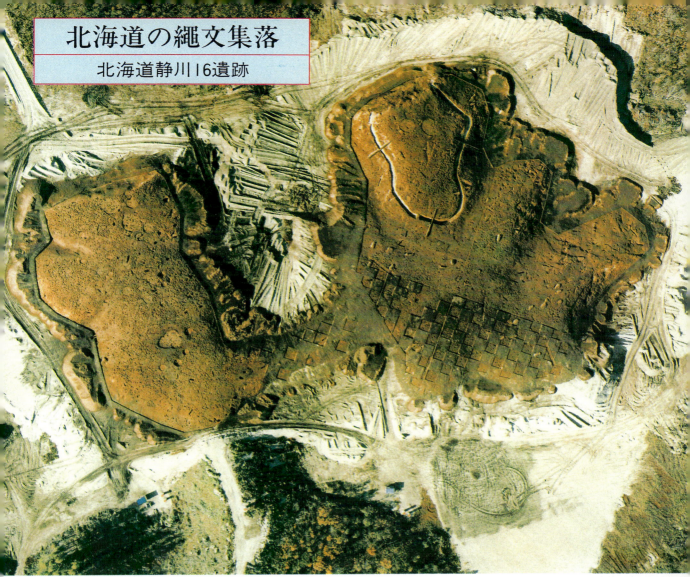

上空からみた静川16遺跡

苫小牧東部工業地帯内に位置する静川16遺跡は、北に向って双頭状に形成された標高16〜17mの支笏火山砕屑物台地上にある。昭和57年6月、国家石油備蓄基地建設のため、発掘調査を実施したところ、東側のA地区から2軒の住居址を含む環濠遺構が、西側のB地区からは直径6〜8mの住居址28軒の集落址が検出された。環濠及び住居址からは縄文時代中期の余市式土器群が多数検出された。環濠は上幅2〜3m、底0.2〜0.5m、深さ0.8〜1mのV字状を呈し、全長138.5mで北側部分は崖状になっているため濠は形成されていない。

構　成／佐藤一夫
写真提供／苫小牧市埋蔵文化財センター

B地区北側先端部の住居址群

東北の縄文集落
秋田県杉沢台遺跡

杉沢台遺跡は秋田県能代市盤字杉沢台に所在する縄文時代前期終末の集落遺跡である。昭和55年の発掘調査で縄文時代前期（円筒下層d式）の大形住居跡（4棟）、竪穴住居跡（40棟）のほか、北側の斜面に貯蔵穴跡が多数確認され注目された。さらに平安時代の竪穴住居跡なども確認されている。なお、昭和56年9月3日、国指定史跡となった。

写真提供／秋田県教育委員会

杉沢台遺跡のフラスコ・ピット中の貝層

杉沢台遺跡の住居跡

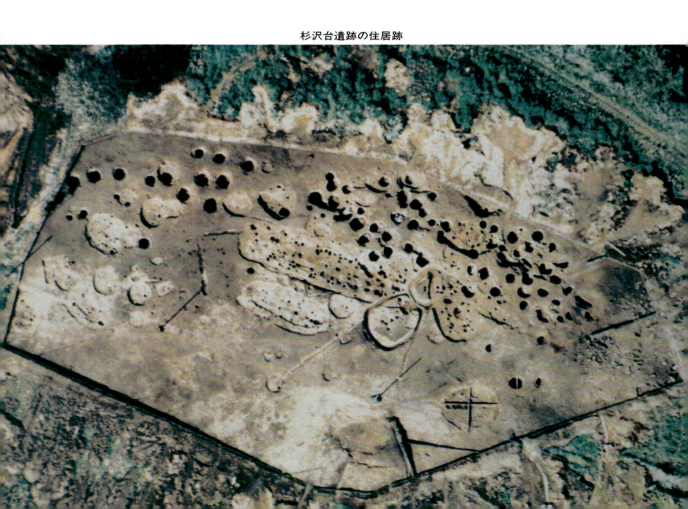

関東の縄文集落
神奈川県下北原遺跡

神奈川県伊勢原市に所在する下北原遺跡では集落の中央部分のやや北側に墓域（第1、第2配石墓群）があって、その周囲の馬蹄形を呈する範囲に住居地域（敷石住居址21軒）があり、住居地域の切れ目となる北西側に祭祀地域（環状組石遺構、第1～第3環礫方形配石遺構、北側配石群）がある。そして住居地域と祭祀地域を合わせると両者がほぼ環状を呈している。

　　構　成／鈴木保彦
　　写真提供　神奈川県立埋蔵文化財センター

敷石住居址（第18号）
（加曽利E4式期）

下北原遺跡の全景

沖縄の貝塚中期集落
沖縄県シヌグ堂遺跡

第4段丘上の竪穴住居跡群

竪穴住居跡（8本の柱と炉跡）

沖縄県与那城村宮城島の標高93〜100mの琉球石灰岩段丘上に形成された、沖縄貝塚時代中期（縄文晩期相当）の段丘上集落である。5つの自然段丘上に竪穴住居跡42基、礫床住居跡18基が検出された。竪穴は一辺2〜3mの方形で、深さが20〜70cm、法面は琉球石灰岩礫で縁取りされている。竪穴内には炉跡があり、8〜9本の柱穴が縁石に沿って巡っている。礫床住居跡はこぶし大の礫を敷き詰め、炉跡や柱穴などを伴っている。

構　成／金武正紀
写真提供／沖縄県教育委員会

北海道の縄文住居址

縄文人の住いは、はじめは夜間の就寝、防寒という生活上の必要最低限の要求を満たす簡単な覆いであればよかった。獲物を求めて広いテリトリーを徘徊しなければならない人々にとっての住居はかような仮りの宿りであったが、われわれの目に触れる縄文時代の竪穴住居址は、主として休猟・休漁期の安住の場であり、再生産の営みの場でもあった。

構　成／宮本長二郎
写真提供／
　1：市立函館博物館
　2・4：南茅部町教育委員会
　3：千歳市教育委員会
　5：北海道埋蔵文化財センター

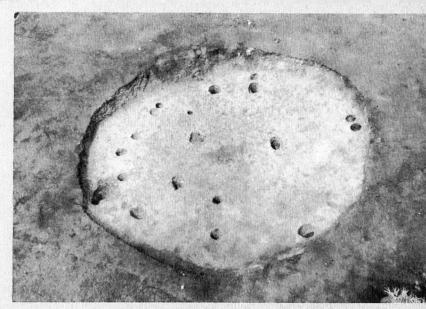

1．函館市中野A遺跡12号住居址（早期物見台式期）

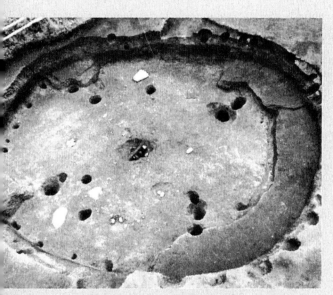

2．南茅部町ハマナス野遺跡92号住居址（前期後葉サイベ沢III式期）

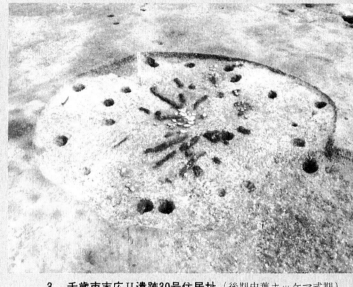

3．千歳市末広II遺跡30号住居址（後期中葉ホッケマ式期）

4．南茅部町臼尻B遺跡157号住居址（中期末葉ノダップII式期）

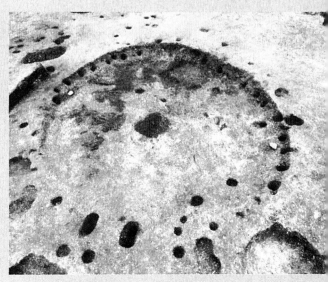

5．苫小牧市美沢1遺跡4号住居址（後期後葉手稲式期）

縄文時代の配石遺構

関東地方の環礫方形配石遺構

環礫方形配石遺構は小礫や遺構内が焼けているものが多く、石棒・石製小玉などが出土する例もあり、非日常的な施設と考えられる。神奈川県下北原遺跡、下谷戸遺跡、曽谷吹上遺跡などの例では、遺構の周囲を河原石による配石がめぐっているものが検出されている。

　　　　　　　構　成／鈴木保彦
　　　　写真提供／神奈川県立埋蔵文化財センター

神奈川県下北原遺跡の第3環礫方形配石遺構

近畿地方の埋甕・配石遺構

京都市左京区北白川追分町、京都大学北部構内に所在する縄文時代後期・北白川上層式Ⅰ期の遺構である。昭和48・49年の約200m²の発掘で、8基の配石遺構を南半部、配石を伴う埋甕2基と単独の埋甕4基を北半部で検出した。写真には配石を伴う埋甕2基は映っていない。

　　　　　　　構　成／泉　拓良
　　　　写真提供／京都大学埋蔵文化財研究センター

京都市北白川追分町遺跡検出の埋甕・配石遺構

縄文時代のおとし穴

東北地方のおとし穴

長さ4m前後の溝状ピットが主体的である。東北北部に濃く分布し、まとまって配置される例が多い。鹿が捕獲対象で、縄文時代中〜晩期とされている。青森県六ヶ所村発茶沢遺跡では437基も検出された。八戸市鵜窪遺跡などの底面に小ピットをもつ円形プランのものは猪などの捕獲用で、縄文時代早・前期と考えられている。

構　成／福田友之　　写真提供／青森県教育委員会

溝状ピット

青森県発茶沢遺跡の溝状ピット群

関東地方のおとし穴

横浜市緑区荏田第19遺跡のおとし穴で、縄文時代早期にふつうにみられる楕円形と隅円長方形のものである。長径150cm、短形80cm、深さ150cmで、壙底に数個のピットがある。おとし穴は20基前後が谷奥の湧水点や谷をかこむ斜面の付近に集中してある。おそらくケモノ道を意識したのであろう。

構　成／宮澤　寛　　写真提供／港北ニュータウン埋蔵文化財調査団

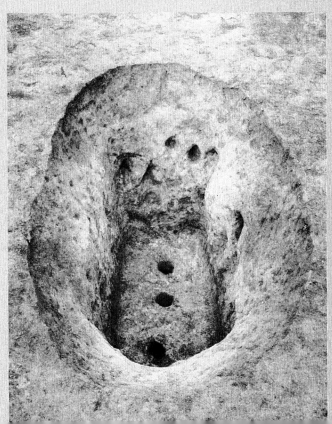

縄文集落の周辺

北米大陸北西沿岸インディアンの集落

アラスカの最南部から米国ワシントン州北部の沿岸地帯に分布するインディアンは、狩猟採集経済を営む民族としてはもっとも複雑な社会組織を有している。　　構成／スチュアート・ヘンリ

トーテム・ポール　2つの型式がある。1つは家の"大黒柱"であり、もう1つは社会的出来事を記念するために建てられた。

ハイダ族の冬期集落　短い柱状の遺構（B、C）は葬送記念ポールであり、長いものは一般的にトーテム・ポールといわれるものである。

東南アジア焼畑農耕民の集落

東南アジアの焼畑農耕民の集落は、山稜頂部や山腹斜面に立地する100〜200戸あるいはそれ以上の家屋からなる大型の集落やロング・ハウスのように独特な形態をもつ集落もみられるが、数戸〜30戸程度小家屋から成る規模の小さい集落が一般的である。　構成／宮本

フィリピン・ミンドロ島南東部の山地に分布するハヌノオ・マンヤン族の集落と焼畑耕地

焼畑耕作地にて米の播種のために棒で土に穴をあけるハヌノオ・マンヤン族の男たち

季刊 考古学

特集

縄文人のムラとくらし

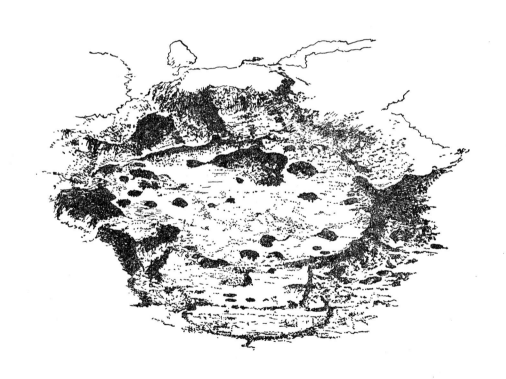

特集 ● 縄文人のムラとくらし

縄文の集落
―――集落論の新しい出発をめざして―――

北海道大学助教授 林　謙作
（はやし・けんさく）

縄文集落論は新しい方向性を模索しているかのようにみえるが，これまでの概念を払拭することによって新しい展望がひらけてこよう

はじめに

　日本考古学のなかでの集落論の展開過程をおおまかにとらえて見ると，初期あるいは前史の段階では住居の型式・構造の考察からはじまり，1950年代から1960年代にかけて，集落全体の復原をめざした作業がはじめられている。社会的背景，研究の伝統のまったく異なったアメリカ人類学の場合もほぼ似通った経過をたどっている。前世紀末には，MORGAN (1896) によってアメリカ・インディアン諸部族の住居の集成がおこなわれた。その後，集落についてアメリカ考古学ではほとんど関心がはらわれず，いわゆる settlement pattern をめぐる議論が活潑になるのは1950年代にはいってからである（WILLEY・SABLOFF 1974：148～151）。

　いまのところ，縄文集落論はすさまじいペースで資料が集積されてゆくなかで，あたらしい展開の方向を模索しているかのように見える。かたや，アメリカ人類学では New Archeology が抬頭・風俗化・分裂するなかで，集落論は ethnoarcheology というかたちをとっている。その影響は，いずれ縄文集落論にもあらわれてくるかも知れない。いまひとつ，縄文集落論に影響をおよぼす可能性のあるものに，British New Archeology とでも呼ぶべき HODDER らを中心とする communication 理論を採り入れた研究がある（HODDER 1981 など）。

　それでは，ひろい意味での New Archeology の諸分派の成果をとりいれることで，縄文集落論はあたらしい研究の段階にすすむことが期待できようか。すくなくとも ethnoarcheology に関するかぎり，私は否定的な評価しかあたえられない。ethnoarcheology は，それ自体の方法が精緻になればなるほど，特定の遺構・遺物を基礎とする考古学とは縁遠いものとなってゆく。考古学の場合，特定の遺構・遺物にたいする吟味の手続きを抜きにしては一般化・普遍化はありえない（林 1983 a：83～84）。この原則を無視し，個別の事例にたいして機械的に確率法則をあてはめぬかぎり ethnoarcheology は過去を再構成する手段とはなりえない。

　1980年代の縄文集落論には，1960年代に見られたようにはっきりとした焦点がないと言えるかもしれない。そのかぎりでは，縄文集落論は停迷していると言うこともできよう。しかし，あたらしい展開の方向がまったく見えないというわけでもない。ひところ，集落の類型といえば，住居配置の類型を意味するかのような議論がおこなわれた時期があった。しかし，住居配置は集落のすがたを決定する重要な要因のひとつではあっても，それだけが必要かつ充分な条件となるわけではない。集落のすがたは住居をふくむ各種の施設の配置によって決定されるという考え方が定着してきている。鈴木保彦の論文はそのような観点にたった集落類型の分類のこころみである。

　また，"大規模開発"の結果として遺跡群を単位とする"事前調査"が全国的に進行し，ひとつの遺跡群を構成する遺跡の年代が正確にとらえられる場合が多くなってきている。ひとつのかぎられた地域のなかでの遺跡＝集落の，年代をおっ

てうつりかわるすがたが，正確にとらえられるようになったわけである。武井則道の港北ニュータウン内の遺跡群についての考察は，このような成果のひとつである。小林達雄は多摩ニュータウン内の遺跡を分類し，遺跡群の解析によって集落の類型をとらえる方法を提唱した（1973）。ここで問題とされるのは複数の遺跡のあいだの関係であり，ひとつの遺跡にもとづいている'集落'の範囲からははみだしており，私が'村落'とよぶもの（林 1979 b：104）とかなり近い内容となる。小林の提案は遺跡を類別し，時期ごとに遺跡群の動きをたどるところでおわってしまっており，その後もさらにつっこんだ分析をおこなった例は私の知るかぎりではないようである。しかし，沿岸部の貝塚ではいわゆる temporary camp と base camp のちがいが明確にとらえられはじめている（鈴木 1982）。西本豊広の論文は北海道の事例について紹介し，検討をくわえたものである。

　これまでに述べたことは，縄文集落のすがたそのものをとらえる手段，あるいはその成果である。しかしそのなかには，当然のことながら，集落一般，あるいは原始社会の集落に共通する属性もふくまれている。縄文集落の固有の特徴をとらえるためには，ほかの社会・時期の集落との比較検討が必要となる。縄文以前・以後の集落について小野昭・小宮恒雄に，日本列島にとくに近い位置にある中国・朝鮮の先史集落について町田章・西谷正に考察・紹介をお願いした。また，民族誌的な比較例として，東南アジアの焼畑農耕民の集落について宮本勝，北米北西海岸インディアンの集落についてスチュアート・ヘンリに紹介をお願いした。

1　縄文集落の成立

　町田論文に見られるように，中国で定着的な集落のすがたがとらえられるのは，農耕社会の確立した仰韶文化期以降のことである。黒竜江省新開流（黒竜江省文物考古工作隊 1979）では，比較的大規模な墓域が検出されており，漁撈を基盤とした定着性のつよい集落の存在を推定することができる。しかし，集落全体のすがたは明らかでないし，その年代もなお未確定である。ソ連領アムール河下流域にも漁撈活動をとりいれた結果として，定着性のつよい集落が比較的はやい時期に成立している（OKLADNIKOV・DEREVJANKO 1973）。しかし，集落そのもののすがたをとらえるにはいたっていない。

　新大陸でも農耕成立期，あるいはそれ以前の集落は，山間部の洞穴遺跡などを別とすれば，まったく知られていない。ただし，五大湖南岸の地域では，7,000 B.P. 前後を境として，遺跡が大規模となり，定着性もつよくなる傾向が指摘されている（COHEN 1977：191～195）。食料資源の多様化，とくに植物性食料と水産資源の利用の開始がおおきな要因であると考えられている。

　いっぽう，日本列島では撚糸文土器群の段階には，小規模ながらも，数棟の竪穴住居で構成される集落が南関東地方に出現している（南九州でも加栗山（戸崎・青崎・牛浜 1981，青崎 1982）のような例が知られており，むしろ関東地方よりも古い年代―9,000 B.P. 前後を示すが，この種の集落が，どの程度の拡がりをしめすのかは，まだ明らかでない。したがって，ここでは縄文集落の成立をめぐる状況を関東地方を例として考えてみることとする）。竪穴住居そのものは縄文期以前の段階にすでに出現しており，その分布は北海道から九州にまでおよんでいる。しかし，いまのところ複数の竪穴住居が併存した例は報告されていない。これにたいして撚糸文土器群の段階になると，たとえば東京天文台構内遺跡に見られるように，竪穴住居の重複（東京大学東京天文台・東京天文台構内遺跡調査団 1983：139），補修の痕跡（同前：144，285～287）が観察されている。ひとつの集団が特定の場所をかなり永い期間にわたって，あるいは反復して生活の場とした結果と考えられる。茨城・花輪台，千葉・西之城，神奈川・夏島，同・平坂などの貝塚の出現も注目すべき現象である。

　撚糸文土器群の集落から出土する石器の組成を見ると，石鏃・ナイフ・スクレイパーなど狩猟，あるいは獲物の解体処理にもちいる道具よりも，磨石・石皿をはじめ植物性食料（とくにナッツ類）の処理に用いたと考えられる礫器が目立っている。一方，花輪台，夏島などの貝塚からは精巧なつくりの釣針・やすなどの漁具が出土している。植物・海産物を食料資源として積極的に利用することによって，生活基盤は大幅に拡大・強化された。撚糸文土器群の段階に出現する集落は，このような事情のもとに成立したものである。その背景となるのは，更新世末期から完新世初期にかけての気候の緩和とそれにともなう微地形をはじ

15

とする環境の変化であろう。

ここに述べた状況は五大湖南岸の状況とよく似通っている。現在では五大湖をはさんで北側はエゾマツ・トドマツ・グイマツなどの針葉樹林帯，南側はコナラ・カエデ・ヒッコリーなどの落葉広葉樹林帯となっており，そのあいだには針葉樹・落葉広葉樹の混交林がひろがっている。この地域の氷期/後氷期の植生の変遷過程はまだこまかなところまではわかっていないが，9,000 B.P. 前後を境として，エゾマツ・グイマツなどの針葉樹林，エゾマツ/トネリコの針/広葉樹混交林のなかにコナラ・ブナ・オニシデなどの落葉広葉樹林が進出してくる（CUSHING 1965：408～413）。完新世初頭の増温期（Altithermal）には，この地域は環境変化の最前線にあたっていたわけであり，そこでさきに引用したような現象が見られるわけである。

'最終氷期極寒期'には，関東平野一帯は少数のブナをふくみ，コナラなどを主体とする冷温帯落葉広葉樹林におおわれていた。関東平野の北側の山地と平野のなかのごく一部の高地には亜寒帯針葉樹林が拡がっており，伊豆半島・房総半島南部などの黒潮の影響のつよい地域には照葉樹林が残っていた（亀井・ウルム氷期以降の生物地理総研グループ 1981：196～201）。完新世にはいると，冷温帯落葉広葉樹林はナラ・クヌギ・シデなどの落葉広葉樹にイチイ・イヌガヤ・ヒノキなどを交える暖温帯落葉樹林におきかえられる（辻・鈴木 1977，徳永・パリノサーヴェイ K. K. 1982，鈴木・能城・植田 1982，辻・南木・小池 1983）。五大湖南岸地域とは植生そのものは違っているが，環境変化の最前線に位置していた点はおなじである。生態学的な空白を埋めるかたちで進出してきたあたらしいタイプの植生はきわめて短期間に極相に達する（岩城 1977：293～299）。このことがナッツ類をあたらしい食料資源として利用するうえで，きわめて好都合であったことは言うまでもない。植生の境界線のうえに位置していた五大湖南岸・関東地方にあたらしいかたちの生活圏を形成する活潑な動きが見られるのは当然とも言えよう。撚糸文土器群の時期の集落は，更新世から完新世への環境変化のなかで，それ以前のものが再編成されて成立したものであることは，小野昭が指摘（本号：p.52）するとおりであろう。東京天文台構内遺跡のように，ひとつの集団がおなじ地域を反復して生活の根拠として選んでいることは，のちの時期の集団領域のすがたと共通する。撚糸文土器群の段階の集落はすでに縄文集落の骨格をそなえていると言えよう。しかしその反面，屋内炉の有無，竪穴掘り方のプランなどの細部になると南関東という狭い地域のなかでも，定型化しておらず，目鼻立ちはまだ固まっていないという印象をあたえる。この段階の集落の分布の北限が関東地方であるかどうか（私はその可能性が高いと考えているが），これから確認すべき問題である。北海道・東北北部などでは，7,500～7,000 B.P. 前後には貝殻沈線文土器をともなう集落が形成されている（古原 1982，市立函館博物館編 1977，横山ほか 1979，成田・相馬・小笠原 1980 など）。これらの地方では，関東地方とは逆に，寒冷な環境が集落形成に拍車をかけているのかも知れない。

2 縄文集落のすがた

前期前葉には，縄文集落は東日本全体にひろがりをみせる。なかには住居棟数が延べ数 10 棟にも及ぶ，早期には見られなかった規模のものも出現する。函館空港遺跡第四地点（市立函館博物館編 1977）の円筒下層 a～b 期の集落はこのような集落として北端の例である。住居配置の正確な復原はできていないが，隣接した中野遺跡の早期の集落にくらべれば，併存する住居の数がふえていることは間違いない。"大集落"の出現とともに，あるいはそれ以上に注目すべき現象は，長野・阿久遺跡（笹沢ほか 1982，笹沢 1982）に代表されるような住居のみならず，墓域・斎場（いつきば）などの非日常的な機能をもつ施設をもとりこんだ集落の出現である。神奈川・南堀貝塚などの例から，前期の集落がすでに縄文集落として定型的なすがたを備えていることは知られてはいたが，阿久の集落の規模とすがたは驚異としか言いようがない。廃棄物の処理場から，斎場にいたるまでの各種の施設が求心的に配置されているすがたは，中期以降の集落とまったく違いはない。集落の外縁部には，住居・廃棄物処理場・作業場（？）などの日常生活にかかわる施設が配置される区域（＝外帯）があり，その内側に墓地・斎場などの非日常的な機能をもつ施設が配置される区域（＝内帯）がある。

阿久の集落は前期初頭（Ⅱ期 a，b），中葉（Ⅲ期新）にピークがある（笹沢ほか 1982：328～336）。阿

久の集落は，縄文海進の前後の，完新世の最温暖期（Hypsithermal）に栄えていたわけである。^{14}C 年代の測定結果も 5,700〜5,300 B.P. の範囲にあり（同前：353），これと矛盾しない。阿久をはじめとする東日本一帯に見られる集落の"大形化"・定型化は早期のころよりもさらに顕著になった気候の緩和と環境の安定という条件のもとで実現したのである。もちろん，当時の人々とても好転する環境条件を受け身の立場で享受していただけではない。植物性遺物，あるいは福井・鳥浜に見られるきわめて多様な遺物（とくに植物性原料を用いたもの）は，当時の人々が好転しつつある環境のなかで，あたらしい資源の開発と積極的に取り組み，その利用技術を磨き上げていたことを示している。

ところで，前期の集落の"大形化"は，文字どおり集落規模の拡大＝集落人口の増加の結果と理解できるのだろうか。ひろい意味では，好適な条件のもとで集落をとりまく環境の人口支持力が大きくなったことは事実であろう。水野正好は前期の集落も（すくなくとも関東地方の前期前葉には）早期とおなじく 2 棟の住居で構成されるとしている（1969：9）。しかし，関東地方でも，とくに黒浜期の住居は床面積が大幅に拡がる。住居面積の拡大がそのままそこに住む人数の増加を意味するわけではないが，関東地方では多少の増加を想定することはできよう。しかし，その規模はきわめて小さなもので，過大な評価は禁物である。むしろ，上向きの人口支持力は，集落の安定化＝永続性のつまり，ひいては集落の定型化などの側面で効果を発揮したと考えるべきであろう。

阿久に見られた求心的に施設を配置する集落は，その後も縄文集落の主流となり，地域によっては晩期以降まで続く。この種の集落を施設（おもに住居）配置の輪廓によって"馬蹄形集落"，"環状集落"などとよぶことが多い。しかし，集落の輪廓は，当然のことながら，それを載せている地形によって大幅に左右される。関東地方に"馬蹄形集落"が多いのも，細長い舌状台地が発達することと無縁ではあるまい。段丘が二次的な変形を受けることのすくない地域では，これとは違った集落の形態が見られる。たとえば，岩手・大地渡では，東西にのびる段丘の縁にそって，いわば線状の集落がつくられているらしい（相原 1981）。

これまた岩手の例であるが，西田遺跡（嶋ほか 1980）は一般に"馬蹄形"集落のなかに含められている。調査範囲に検出された遺構の分布状態は集落全体のすがたをほぼ反映していると考えられる。とすると，西田の集落のすがたは中央に墓域とそれをとりまく柱穴群が大きなブロックをつくり，その北側に住居址群，南側にフラスコ・ピット群が小さなブロックとなって取り付く，というようにも読み取れぬこともない。集落の南北に，かたや住居，かたや貯蔵施設という機能の違った（しかし日常生活のうえでは，すくなくとも特定の季節にはつながりが深くなるはずの）施設が配置されているわけである。斎場＝ハレの空間をはさんで，ふたつのケの空間（住居と貯蔵施設のブロック）が対置されていたのか，あるいは貯蔵施設もハレの空間に取りこまれていたのだろうか。このような次元で集落のなかの施設の配置原則を読み取ることができるようになれば，本格的な集落の形態分類が可能となる。

3　集落のなりたち

二次的な条件を取り除き，いわば当時の人々の心のなかに刻み込まれていた集落のすがたを復原することは，まだ将来の課題としなければならない。さしあたり'本来'の集落のすがたに迫るためにも，ひとつの'村落'がどのような集落を抱え込むことによって成り立っていたのか，いわゆる"大集落"が，ひとつの'村落'のなかでどのような位置にあったのか，考えて見る必要がある。これらの問題にしても，ようやく課題そのものの輪廓が浮び上がってきたばかり，というところで，これからの検討に俟つところが大きい。

いわゆる"大集落"を base camp などと呼ぶことが多くなってきている。ひとくちに"集落"と言ってもその内容はかならずしも一様ではない，という考えが行き渡ってきた結果であろう。しかし，ひとつの遺跡群の遺跡を base camp と temporary camp[?] に振り分けて，それで作業は完了したというような錯覚に陥らないでもない。これはこれで必要な作業のひとこまではあるが，現在の集落研究の水準から見ても，けっしてゴールとは言えない。このような考え方が問題となるのは何故か。ここでは集落の性格という質・内容にかかわる問題が切り捨てられ，集落なり，遺跡なりでの人間の活動期間という量にかかわる問題だけが取り上げられる危険が大きいからである。動

物遺体の出る遺跡では、それを手掛かりにして、集落の性格にまで考えを及ぼすことができる。私が貝ノ花貝塚の資料にもとづいて試みた吟味は（さらに基礎的なデータを整備する必要は感じているが）、その一例である（林 1980 a）。

いわゆる大集落・大遺跡＝"base camp"と小集落・小遺跡＝"temporary camp"のあいだには、そこで人間の活動していた期間の長短だけではなく、活動の種類、いいかえれば遺跡の機能タイプの違いもある。おおまかな言い方になるが、大集落・大遺跡は永い期間にわたって人間の活動の舞台となっていたと同時に、たくさんの人間がやってきて、さまざまな活動をしていたところでもある。反対に、小集落・小遺跡にはやってくる人間の数もすくなく、そこでの活動の種類も限られていた。さらに言い換えるならば、遺跡・集落の規模と、その寿命の長さ、機能の種類のあいだには函数関係が成立するとも言えよう。

集落のなかの施設は、おもなところでも住居・斎場・墓地・貯蔵施設・集会場などがあり、その他、集落から離れたところにあるものまで考慮すれば、多種多様なものとなろう。このうち、どれを集落にとりこむか、最大多数の住民の最大限の便宜にしたがって決定される。それゆえ、集落を構成する施設の種類・配置のしかたは、地域・時期により、あるいは遺跡の立地によってさまざまに変化する。たとえば、典型的な求心構造の集落では、住居・斎場（祭場・墓地）が外→内の順に配置されることが多い。しかし、貯蔵施設は別地点に配置される場合も多い。常総台地の中期でも、高根木戸ではおなじ台地上に貯蔵穴が検出されているが、貝ノ花では貯蔵穴は沢をへだてた別地点に位置していたらしい。また、積雪量の多い日本海沿岸・北海道などでは、屋内に貯蔵庫をとりこんでいる場合もある。宮本長二郎の最近の研究によって（本号）上屋構造までふくめた縄文期の住居のすがたが次第にあきらかになってきている。拠点集落のなかにとりこまれる施設の種類・配置のしかたなどとともに、住居のタイプによっても地域・時期による集落の分類が可能となろう。

集落をはじめとする遺跡をつくり、活用したのは言うまでもなく人間である。それゆえ、上にのべたような手法で復原された集落のすがたは、いわば人間の行為の結果の記録となる。直接眼に見えぬもうひとつの側面＝集落を維持・運営する人間のきずな・組織こそ、集落のすがたを決定する根本的な要因である。この側面を復原するこころみは、現在のところ抜歯様式・葬制（春成 1982、林 1980 b, 1983）などを手がかりとしてすすめられている。春成・林の見解はともに仮説としてもさらに補強すべき部分が大きい。しかし、かりにそれぞれの主張するところが証明されたとしても、明確な限界がある。分析の対象の性格からして、特定の遺跡・集落のなかの人間のむすびつき方（たとえば配偶者のえらび方の原則）はあきらかとなったとしても、特定のむすびつきの様態のひろがりをとらえることは、現在のところ不可能ではないにしても、困難である（形質人類学的な分析によって、あるいは血縁関係の判定が可能となるかもしれないが、それとても地域は限られよう）。人と人のむすびつきの範囲をとらえる手段は別にもとめなければならない。

村落・集落を構成する人員は、さまざまな理由でたえず入れ替る。重要でしかも恒常的なものは出生・死亡であるが（出生・死亡にともなう集落のすがたの変化については林 1980 a 参照）、死亡者を補充し、出生を保障するのが、婚姻である。婚姻によって、村落・集落がかかえている矛盾のうち、いくつかのものは解決される。集落・村落のかかえこんでいる矛盾とは何か。集落・村落の存続の物質的な基盤はそれをとりまく自然環境のなかにもとめられる。その成員はいわば周囲の資源の開発・利用のエキスパートとしての教育・訓練をうけ、その人生をおくる。それゆえ、ひとつの集落はさまざまな資源利用技術を身につけた専門家集団としてとらえることもできる。ひとつの村落の安定のためには、何よりもまず、集団のなかの結合をかため、その活動範囲を確保する必要がある。そこに、村落の排他的な側面が生じる。しかし、私が松島湾沿岸の貝塚について吟味した結果あきらかにしたように（林 n.d.）、村落のなかで必要とされる物資がすべて固有の領域のなかで入手できるわけではない。さきにあげた婚姻の配偶者も例外ではない。日常必需品ではないが、村落としては必要となる耐久消費財・威信財などの原料・素材を、遠隔地から入手する必要が生じる。

ここでは、地域的な結合組織としての村落は、障害とはならぬまでも効力は発揮しない。ニワトリとタマゴの関係に似てくるが、親族組織（あるいはその複合体）としての村落の側面を押しだすこ

とによって，遠隔地からの物資・配偶者などが確保されるのであろう。安孫子論文に見るように，現在のところ物資の流れを克明にとらえるこころみは，かぎられた品目についてようやく注目されてきており，今後に期待される。とくに石器原料・胎土混和物など消費量も恒常的な需要も大きな物資について本格的な分析もこころみる必要があろう。

文献

相原康二 1981 「大地渡遺跡」岩手県文化財調査報告書，56，17〜312

青崎和憲 1982 「集落各論：加栗山遺跡」縄文文化の研究，8，97〜107，東京・雄山閣

COHEN, M. N., 1977 *The Food Crisis in Prehistory : overpopulation and the origins of agriculture.* Yale University Press, New Haven & London

CUSHING, E. J., 1965 "Problems in the Quarternary Phytogeography of the Great Lake Region". Wright Jr., H. E., Frey, D. G., (eds.) *The Quarternary of the United States.* Princeton University Press, Princeton.

春成秀爾 1982 「縄文社会論」縄文文化の研究，8，224〜252，東京・雄山閣

林 謙作 1979 a 「縄文期の集落と領域」日本考古学を学ぶ，3，102・119，東京・有斐閣

——— 1979 b 「縄文期の'村落'をどうとらえるか」考古学研究，26−3，1・16

——— 1980 a 「東日本縄文期墓制の変遷（予察）」人類学雑誌，88，269・284

——— 1980 b 「貝ノ花貝塚のシカイノシシ遺体」北方文化研究，13，75・134

——— 1981 「住居面積から判ること」信濃，33，285・299

——— 1983 a 「縄文期のタブー」歴史公論，94，83・89

——— 1983 b 「柏木B第一号環状周堤墓の構成と変遷」北海道考古学，19，19・36

——— n. d. 「宮城県下の貝塚群」宮城の研究，大阪・清文堂書店（印刷中）

黒竜江省文物考古工作隊 1979 「密山県新開流遺址」考古学報，1979，491〜518

HODDER, I., (ed.) 1981 *Spacial Aspects of Culture Change.* Cambridge University Press, Cambridge.

亀井節夫・ウルム氷期以降の生物地理総研グループ 1981 「最終氷期における日本列島の動植物相」第四紀研究，20，191・205

岩城英夫 1977 「遷移のモデル」植物生態学講座 4 群落の遷移とその機構，286〜300，東京・朝倉書店

小林達雄 1973 「多摩ニュータウンの先住者」月刊文化財，112，20〜26

古原 弘 1982 『駒場7遺跡―縄文時代早期居住地遺跡調査報告』静内町教育委員会

水野正好 1969 「縄文時代集落復原への基礎的操作」古代文化，21−3・4，1〜21

MORGAN, H. L., 1896 *Houses and House-life of American Indians.*

成田誠治・相馬信吉・小笠原善範 1980 「新納屋遺跡（2）」青森県埋蔵文化財調査報告書，62

OKLADNIKOV, A. P., DEREVJANKO, A. P., 1973 *Dalekoe proshloe Primorija i Priamurija.* Akademija Nauk Vladivostok.

埼玉県立博物館編 1982 『寿能泥炭層遺跡発掘調査報告書―自然遺物編一』埼玉県教育委員会

笹沢 浩・佐藤信之・土屋 積・百瀬新治・小柳義男・島田哲男ほか 1982 『長野県中央道埋蔵文化財包蔵地発掘調査報告―原村その5―』道路公団名古屋建設局・長野県教育委員会

笹沢 浩 1982 「集落各論―阿久遺跡―」縄文文化の研究，8，84〜96，東京・雄山閣

嶋 千秋ほか 1980 『東北新幹線関係埋蔵文化財調査報告書』VII（西田遺跡），盛岡・岩手県教育委員会

市立函館博物館編 1977 『函館空港遺跡第四地点・中野遺跡』函館市教育委員会

鈴木公雄 1982 「伊皿子と木戸作―二つの縄文時代貝塚の比較をめぐって―」稲・舟・祭―松本信広先生追悼論文集，139〜159，東京・六興出版

鈴木三男・能城修一・植田弥生 1982 「自然遺物：樹木」埼玉県立博物館編，261・282

徳永重元・パリノサーヴェイK. K. 1982 『自然遺物：花粉』埼玉県立博物館編，137〜151

東京大学東京天文台・東京天文台構内遺跡調査団 1983 『東京天文台構内遺跡』東京・東京大学

戸崎勝洋・青崎和憲・牛浜 修 1981 「加栗山遺跡」鹿児島県埋蔵文化財調査報告書，16

辻 誠一郎・鈴木 茂 1977 「九十九里平野北部の沖積世干潟層の花粉分析的研究」第四紀研究，16，1〜12

———・南木睦彦・小池裕子 1983 「縄文時代以降の植生変化と農耕―村田川流域を例として―」第四紀研究，22，251〜266

WILLEY, G. R., SABLOFF, J. A., 1974 *A History of American Archeology.* Thames & Hudson, London.

横山英介・佐川正敏・鈴木正語 1979 『函館空港・中野遺跡―東日本における縄文時代早期貝殻文土器文化の研究』札幌・みやま書房

19

特集 ● 縄文人のムラとくらし

「村落」のなかの集落

遺跡群構成の復原，あるいは集落のすがたとその時間的変遷，地域的変異，集落間の集散などはどのように考えればよいだろうか

遺跡群の構成／集落の構成／集落と物資の集散

遺跡群の構成

横浜市埋蔵文化財調査委員会
■ 武井則道
（たけい・のりみち）

縄文時代の遺跡群の変遷は縮小期と拡大期を交互にもちながら，発展段階に最高点をもつ，上向きの曲線であらわされる

1 遺跡を群として研究することについて

縄文時代の遺跡を群として把える研究は，1930年代に酒詰仲男がおこなった貝塚のそれが嚆矢である。神奈川県下の貝塚間の交通について論じたなかで，酒詰は「石器時代の聚落に，何時の時代にも二つ乃至四つづゝ位の小群があつた様に思へるのだがどうであらう。諸磯期に例をとると，久本・新作・伊勢山台・影向寺台が一群であり，南堀・西ノ谷・北川少しはなれて茅ヶ崎と境田，下田（東）・谷戸・箕輪も一群だし，折本・北新羽も一群と云へば云へる。薄手の時期で云へば大棚・神隠，小仙・東寺尾別所・寺ノ谷，荒立合上・二本木・蕃神台，稲荷山・坂ノ台少しはなれて山手町。それから種々な時代の久比里・吉井・高坂。実は之等の群同志の交通は，実に短距離で，絶えず行はれ，その親縁の深さは一通りでなかつたと思へるのである。之等の各群中一二例外はあるとしても，その遺蹟の全貌が逹によく似てゐる場合が多い事も注意を要する。思ふに之等の小群は何等かの理由で，何れかが，何れからか派生したもので所謂血縁関係の殊に深い，族外家族或は分家の如きものであつたかとも思はれるのである。」[1]とのべている。本人は「全く空想に近い事だが」とことわっているが，直観的とはいえ実際にひとつ一つの貝塚を踏査して得た結果であるだけにすぐれた推論である。しかし，酒詰が提起した問題を日本の考古学が歴史科学の立場から解決するには，時代は十分な経済的・社会的・歴史的な条件をそなえていなかったのである。

日本の原始時代の集落の研究は和島誠一の「原始聚落の構成」[2]にはじまるといえる。和島はこのなかで，ひとつの集落遺跡を集落構成の形制とそれの単位としての竪穴住居の形制のふたつの側面から分析・総合するという研究方法を示した。この際にひとつの理論的前提があった。それは原始集落がひとつの氏族集団から成っていたということである。この故にひとつの集落遺跡を先にのべた方法で検討することによって原始共同体を明らかにできると考えたのである。このあと，和島は愛知県の豊川下流域や武蔵南部の鶴見川流域などの一定の地域の諸遺跡のあり方を研究していったが，基本的にはそうした集落研究の方法によっていたのである。

1959年に市原寿文は「縄文時代の共同体をめぐって」[3]で和島の集落研究の方法を継承するとともに新たな問題を提起した。大井川流域の加曽利E 2期にはひとつの集落遺跡といくつかの遺物散布地の組み合わさったものが約10 kmの範囲におさまるような状況でいくつか川筋にそって群

在することや，遠江の浜名湖沿岸や磐田における先史時代潟湖をめぐる後期から晩期にかけての遺跡のあり方から，「同一条件の生活圏を基盤として形成されるブロックの集落の集団は御互に密接な関係を維持し合う間柄のものであって，一集落が単位となって有機的な関係を維持しいわゆる原始共同体と呼ばれる範疇を構成するのではなかろうか。」とのべた。すなわち，ひとつの集落が自然条件によって規定される「生活圏」を保有し，こうした小単位が原始共同体社会を構成するとしたのである。また，原始共同体社会の単位をなす集落内における一住居の居住人員の歴史的性格が，住居址内から発見される遺物や付属施設などからうかがえる労働の形態・生産関係などから推定できるのではないかとした。

しかしながら，市原の生活の基盤として自然条件によって規制され，集落構成員の生活を維持するために生活圏を保有するひとつの集落がいくつか集まって原始共同体を構成していたという問題提起は，そのあとの縄文時代集落研究のなかにうけいれられなかった。1960年代後半の高度経済成長のもとに急速かつ大規模な「開発」が日本各地でおこなわれるようになると，一定地域の多数の遺跡が一挙に破壊されていった。こうした状況のなか「事前調査」とか「記録保存」とかの名のもとに数km四方の地域内に存在する多くの遺跡が発掘調査されるようになった。その結果，従来のように数10の竪穴住居址が発見される遺跡のほかに，ひとつの竪穴住居址しか発見されない遺跡とか，土器片しか出ない遺跡とか，狩猟のための落し穴とみられる土壙だけが数10基ある遺跡とか，など今まで明確にすることができなかった種類・内容の遺跡の存在が認識されるようになったのである。今，考古学の存立を危機にさらす「開発」によってもたらされた大量かつ大規模な発掘調査の結果が，市原の提起した問題をより深めた形で再びとりあげることを迫っている時であるといえる。

酒詰の貝塚群研究と市原の縄文時代集落研究についてふれたが，これらの研究では地理的・自然的条件でわけられる一定地域に存在する貝塚・遺跡を群としてとらえている。一定の地域にある諸遺跡をどのようにして群として把えるかといったら，現在の考古学研究の現状では，経験的あるいは帰納的な方法によって把握することからはじめ

なければならない。ここでは，そのことを主として横浜市北部の「港北ニュータウン」建設地域内の諸遺跡を例にとりあげながらみてみたい。

この地域は広さがほぼ4km四方である。また，地理的には東・南・西を鶴見川，また北を有馬川によってかこまれた北西から南東にはりだす多摩丘陵と下末吉台地が拡がるところである。早渕川によって大きく北岸地域と南岸地域のふたつに区分している。

2 縄文時代の遺跡群

縄文時代はふつう「草創期」・早期・前期・中期・後期・晩期と大別されるが，ここでは岡本勇が提起した成立段階（「草創期」・早期）・発展段階（前期・中期）・成熟段階（中期末ないし後期・晩期前半）・終末段階（晩期後半）という段階区分[4]をとる。そして，それぞれの段階の特徴とか傾向とかをしめす時期の遺跡群を概述する。

a 成立段階の遺跡群

この段階の遺跡群としてそのあり方をうかがえるのは，条痕文土器群の時期である。図1に早渕川北岸地域におけるこの時期の遺跡分布をしめしておいた。その際に，この時期の遺跡を構成する竪穴住居址・落し穴とみられる土壙・炉穴などの遺構の種類がわかるようにした。一見すると何の特徴もないようにみえるけれども，遺構の種類と遺跡から発見される土器型式を調べ検討してみると，つぎのようなおおまかな傾向がうかがえる。

竪穴住居址はE7で茅山上層期のものが1例発見されている。落し穴とみられる土壙は，G5，B2，D4，C16・17，E3，E7の諸遺跡をそれぞれ中心とするような塊がみとめられる。そして，土壙の古いとみられるものが西側，中ぐらいの古さとみられるものが中央部に，新しいとみられるものが東部・南部・西部にある傾向が看取できる。炉穴は，G1，B2，D10，C8，F6，E7などの遺跡を中心とするような集まりがみとめられる。B2とその周辺の炉穴では野島式・鵜ヶ島台式土器が，D9・D10とその周辺では下吉井式・神之木台式土器が，C8では野島式土器が，それぞれ発見されている。

これらをまとめると，落し穴とみられる土壙は古いとみられるものが西側の遺跡で発見され，これに対して野島期・鵜ヶ島台期の炉穴は東部・南

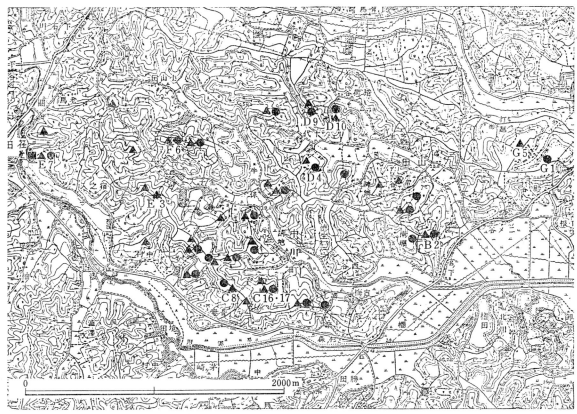

図1 成立段階の遺跡分布　▨堅穴住居址　▲土壙　●炉穴

部にみられる。中ぐらいの古さの土壙は中央部の遺跡で発見され，これに対応するとみられる茅山上層期の炉穴は西部と南部にみられる。新しいとみられる土壙は東部・南部・西部の遺跡で発見され，これに対応するとみられる下吉井期・神之木台期の遺跡は中央部にみられる。つまり，落し穴とみられる土壙と炉穴はそれぞれ占地するところを別にし，時間的変化につれてところをかえたと推測できるのである。堅穴住居址が発見された遺跡は1ヵ所だけであるが，この段階の遺跡が丘陵の頂部や鞍部・台地の先端や縁辺などに立地するために住居址がきわめて遺存しにくい条件にある結果とみられる。おそらく炉穴が発見される遺跡の付近にいわゆる集落が営まれていたとしていいであろう。とすれば，その集落の規模はどのようなものであったろうか。条痕文土器群の時期ではないが，荏田第10遺跡で成立段階の集落が確認されている[6]。そこでは稲荷台期に属する平面方形の堅穴住居址が2例丘陵の頂部付近で発見されている。また，茨城県花輪台貝塚の集落址の分析結果は，2, 3個の住居が同時存在したという。

これらのことから，条痕文土器群の時期の集落は2, 3個の住居を単位とする小規模なものであったとみられる。

条痕文土器群の時期の遺跡群は，おそらく2, 3個の住居からなる集落址，落し穴とみられる土壙からなる狩猟の場＝生産址，そして調理などのためにきづかれた炉穴からなる消費活動の場，で構成されていたとみられる。成立段階の他の時期では，生産址や消費活動を示す考古学的資料を確認することができないだけで，基本的には小規模な集落を中心とし，狩猟活動の場や消費活動の場からなっていたといえよう。

b　発展段階の遺跡群

成立段階から発展段階への移行で最も特徴的なことは定型的な集落の出現である。また，堅穴住居址が定型化するとともに，炉が住居内部にもうけられるようになったことがあげられる。

前期はじめの花積下層式や関山式土器の時期の遺構は北川貝塚で花積下層期の堅穴住居址が1例発見されているだけで，多くは少量の土器片が発見されているのみである。この時期は人間活動の

足跡をわずかに示す程度の規模・内容のあり方といえる。ただ注意しなければならないことは，この時期の遺物を多く出す遺跡が鶴見川下流域の右岸地域，すなわち菊名貝塚とその周辺の地域にあることである。つづく黒浜期・諸磯a期・諸磯b期になると，縄文海進によって「古鶴見湾」とでもいうべき入江が鶴見川中流域にまではいりこんできた。「港北ニュータウン」建設地域の東と南側で，この入江の周辺の台地上には貝塚をともなう遺跡が形成された（図2）。早渕川の左岸では南堀貝塚・西ノ谷貝塚，右岸では北川貝塚・茅ヶ崎貝塚・境田貝塚などが，鶴見川の左岸では峯谷貝塚・北新羽貝塚・折本貝塚などがある。このなかのひとつ南堀貝塚は集落址の実態を明らかにするために全域調査がおこなわれている[5]ので，これについてみてみよう。

この集落址は鶴見川の支流である早渕川左岸に位置し，北から南へはりだした細長い舌状の台地の平坦面にきづかれていた。その広さは約 5,000 m² である。発掘の結果，黒浜期・諸磯a期・諸磯b期の竪穴住居址が約50例発見されている。これらの住居址は台地中央部の「広場」をかこむような形で分布していた。「広場」の中央からは 50 cm におよぶ大きな石皿が発見されている。また，西側の斜面では貝層が形成されていた。調査者の分析によると，黒浜期にはおよそ数個の住居が台地の南側縁辺から東側縁辺にかけて弧状に，また，諸磯a期・諸磯b期には 7，8個の住居がさらに北側と西側縁辺の一部にまで範囲を拡げて配置していたと推測されている。すなわち，中央の「広場」をかこむように 10 個近くの住居址が馬蹄形ないしは弧状に分布する集落構成をとる定型的な集落が営まれていたのである。西ノ谷貝塚では部分的な発掘調査の結果，黒浜期・諸磯a期・諸磯b期の竪穴住居址が確認されている[6]。おそらく南堀貝塚と同様の集落構成をとっていたのであろう。

このふたつの貝塚は，古く酒詰仲男が指摘したように，短距離のところにあることと，土器型式で示される時期がほぼ同じであることから一群として把え，相互に有機的な関連があるとみなしていいであろう。しかし，いかなる有機的な関連かということについては今後の研究課題といわねばならない。南堀貝塚のような定型的な集落址のほかに，竪穴住居址が 1 個しか発見されない遺跡や同時存在 2，3 個の竪穴住居からなるとみられる集落址がある。定型的な集落址とこうした集落址とは一定地域内に存在することなどから，全く関係ないものではなく，何らかの現象の結果の投影であることは間違いない。その原因については季節的な移動などが考えられるが，この問題の解決もこれからの研究に待たねばならない課題である。

前期後葉から中期初頭にかけては大きく諸遺跡のあり方がかわる。諸磯c期は，花積下層期や関山期と同じように人間活動の足跡をしめすきわめて零細な遺物散布地が確認されているだけである。つづく十三菩提期・五領ヶ台期になると，遺跡は早渕川南岸地域では多摩丘陵と下末吉台地の区界線にそう南部の小地域と下末吉台地の中央部の小地域に中・小規模の遺跡が数ヵ所比較的まとまって存在するようになる。

この時期の遺跡立地と集落構成が明らかになった池辺第4遺跡を例にみてみよう[7]。遺跡は鶴見川の支流である大熊川の上流右岸に位置し，多摩丘陵と下末吉台地の接する付近で南北につらなる下末吉台地から一段低く西から東へはりだす狭小な台地上に立地し，前期中葉やつぎの勝坂期や加曽利E期のそれとは大きく相違している。この遺跡からは五領ヶ台期の竪穴住居址が 4 例，平面円形の土壙が 12 基，集石 3 基が発見されている。調査者の分析によると，それらの遺構はふたつの小期にわかれ，2 個の竪穴住居址が台地の基部とそれより一段低いところにそれぞれきづかれ，個々の住居址に 2，3 個の土壙が対応するかのごとく配置される集落構成をとっていたという。

勝坂期・加曽利EⅠ期・加曽利EⅡ期の集落は，北岸では早渕川に面する南部，南岸では南西部の多摩丘陵と下末吉台地が接する地域，そして下末吉台地の東部に分布する。大規模な集落址は大塚遺跡・三の丸遺跡・大熊仲町遺跡・神隠丸山遺跡などが知られている。ここでは遺跡の全貌が把えられた神隠丸山遺跡をみてみよう[8]。遺跡は早渕川の支流の最奥部でほぼ西から東へはりだす広い舌状台地上に立地し，約 23,400 m² の広さである。発掘の結果，中期の遺構は竪穴住居址が 81 例，土壙が約 100 基，長方形柱穴列が 14 基検出されている。竪穴住居址を時期別にみると，勝坂期のものが 17 例，加曽利EⅠ期のものが 35 例，加曽利EⅡ期のものが 18 例である。各時期

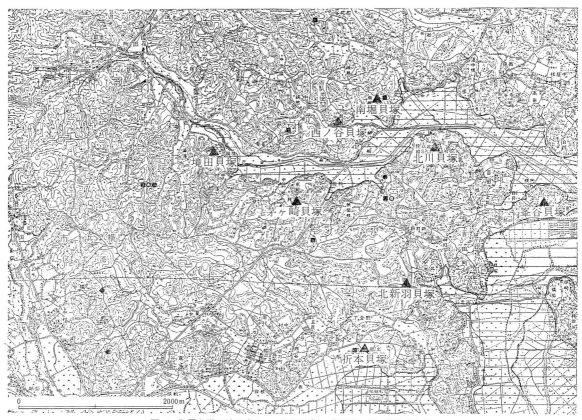

図 2 発展段階の遺跡分布　■黒浜期　○諸磯 a 期　●諸磯 b 期

の住居址が，中央部の「広場」をかこむように環状に分布し，勝坂期には台地の縁辺にそうようにあるが，加曽利 E I 期，加曽利 E II 期と移るにつれてその内側へと分布をかえている。土壙は形態からいわゆる「貯蔵穴」とみられるものと墓壙とみられるもののふたつがある。前者は約 20 基が住居址に近接してあり，後者は約 70 基が「広場」のやや西よりに集中してあるという。神隠丸山遺跡の例から推すると，これらの時期の大規模な集落址は多数の住居址が「広場」をかこむように馬蹄形ないしは環状に配置し，そのなかの一角に一群の墓壙がきづかれ，長方形柱穴列・貯蔵穴・集石などの遺構をともなう集落構成をとるとみられる。南岸の南西部では，こうした大規模な集落址のほかに，2 個ないしその前後の住居址からなる小規模な集落址と数個から 10 個前後の住居址からなる中規模な集落址が集中して存在する。

つづく加曽利 E III 期・加曽利 E IV 期になると，南岸では小規模な集落址が北西部に比較的密にある傾向がみられる。

発展段階では遺跡の数・規模・内容などが零細ないしは小規模となるいわば「縮小期」とでもいうべき時期をはさみながら「ゆるやかな発展」をなしていったといえる。基本的には，馬蹄形ないしは環状に「広場」をかこむように分布する多数の竪穴住居址と墓壙・「貯蔵穴」・長方形柱穴列・集石などの遺構から構成される大規模な集落址，数個から 10 個前後の住居址からなる中規模な集落址，そして 2, 3 個の住居址の小規模な集落址とからなる遺跡群の構成をとっていたといえる。これがいかなる人間行動の軌跡の結果であるかということは今後の研究課題である。

c　成熟段階の遺跡群

成熟段階の諸遺跡は，早渕川南岸地域では西部の多摩丘陵と下末吉台地の区界線にそう部分と下末吉台地の東側の部分にまとまって分布する（図 3）。華蔵台遺跡や神隠丸山遺跡がこの段階の大規模な集落址の例である。ここでは華蔵台遺跡についてみてみよう[9]。この遺跡は北から南へはいる早渕川の支流がさらに小支流に分枝するところで，両支流にはさまれた南北に細長い広い台地上で，かたわらに深い谷をひかえたところに営なま

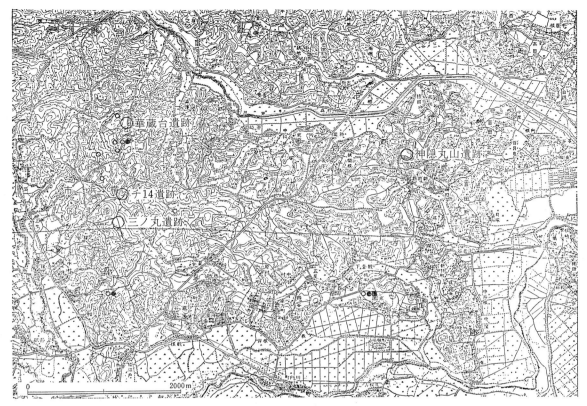

図 3 成熟段階の遺跡分布　○堀之内Ⅰ期　●堀之内Ⅱ期　■加曽利BⅠ期

れていた。約 15,000m² の広さである。発掘の結果，堀之内Ⅰ期から安行Ⅲc期にわたる多数の竪穴住居址と土壙・ピット群・甕棺墓・長方形柱穴列・土器すて場などの遺構が確認されている。調査者によると，住居址は北群と南群のふたつにわかれ，南群では台地の縁辺に環状に分布し，中央部の一角に墓壙とみられる土壙が集中してあるという。この段階の大規模な集落址も，数個の竪穴住居が馬蹄形ないしは環状に「広場」をかこみ，その一角に墓壙群をきづき，「貯蔵穴」・長方形柱穴列・土器すて場などの遺構をともなう集落構成をとる定型的な集落のあとであるといえる。成熟段階の遺跡群は，上述の大規模な集落址と，数個から 10 個前後の住居址が発見され，同時存在 4, 5 個の住居が推測される中規模な集落址と，1 ないし 2 個の住居址の小規模な集落址とから構成されているのである。しかも，こうしたあり方は華蔵台遺跡とその周辺の地域に典型的にみられる。

ところで，この段階の南岸地域の遺跡群については石井寛の研究がある[10]。それによると，堀之内Ⅰ期には小・中規模な集落が華蔵台遺跡とその周辺の地域やいくつかの小地域ごとに集中してあったが，堀之内Ⅱ期以降になると遺跡の数・規模・内容が減少・縮小していく傾向が指摘されている。また，大規模な集落址である華蔵台遺跡と神隠丸山遺跡の住居址の変遷過程と縄文時代後期集落の変遷から，両遺跡が「同一の住人達によって交互に住まわれた可能性」がかなり高いと推測している。

成熟段階の遺跡群は，外観の上では発展段階のそれと似ているが，その内実は定型的な集落が消滅していく過程であるといえよう。つづく終末期になると遺跡はほとんどなくなり，華蔵台遺跡できわめて零細な遺物が発見されているだけとなる。

3　概　　括

「港北ニュータウン」建設地域内における縄文時代の諸遺跡のあり方を概観したが，そのあり方は単純ではなく，かなり複雑な様相を呈していることがわかる。しかしながら，縄文時代という大きな視野にたってみれば，いくつかの事実が指摘できる。ただ，これらはこの地域の場合にという限定がつくことをことわっておかねばならないが。

縄文時代の遺跡群のあり方には大きくふたつの時期がある。その構成する遺跡の規模・内容が小規模かつ零細となり，その数が少ないいわば「縮小期」とでもいうべきあり方の時期と，規模・内容が定型的な集落からなる大規模かつ豊富な遺跡や中・小規模かつ普通な遺跡からなり，遺跡の数も多いいわば「拡大期」とでもいうべきあり方の時期である。

　「縮小期」の遺跡群は，定型的な集落を欠いているために構成内容を解明するには新たな分析方法を必要とする。

　「拡大期」の遺跡群は，定型的な集落からなる大規模な集落址，そして小規模な集落址と中規模な集落址などから構成されていて，きわめて複雑なあり方をしている。現在のところ，それが当時の人びとのどのような人間活動の結果によるかということを具体的に明らかにすることはできていない。しかしながら，縄文時代の遺跡群は，「縮小期」が介在するとはいえ，基本的には定型的な集落が軸となっているといえる。しかも，その定型的な集落が，諸遺跡のあり方や集落構成の変遷から，形成・発展・消滅という過程をとっていることがうかがえる。成立段階は定型的な集落が出現するための生活条件・生活技術などをととのえた形成期である。とくに条痕文土器群の時期は早期的な遺構や遺物と前期的なそれとが矛盾してあらわれ，その矛盾を止揚する急成長の過程にあるといえる。発展段階は定型的な集落の出現，そして発展の過程である。この段階に大規模な集落址の例が多いのはその具体的なあらわれである。成熟段階は定型的な集落の消滅過程である。

　各段階およびそのなかの各時期の遺跡群は，分布の集中するところを一定せず，地域をかえていることが認められる。例えば，発展段階の諸磯ｃ期・十三菩提期・五領ヶ台期には南岸地域の下末吉台地中央部の東方第7遺跡と，その周辺の地域と多摩丘陵と下末吉台地の区界線の東側で池辺第4遺跡とその周辺の地域に集中してあったのに，つづく勝坂期・加曽利EⅠ期・加曽利EⅡ期には下末吉台地の東部と西部の下末吉台地と多摩丘陵との区界線がはしるところにそう地域に集中してあるようになる。また，段階のなかの時期ごとについては早渕川北岸の条痕文土器群の時期のそれを例示しておいた。

　縄文時代の遺跡群の変遷は，各段階とも「縮小期」と「拡大期」を交互にもちながら，縄文時代総体としては発展段階に最高点をもつ上向きのジグザグな曲線であらわされる発展過程をとることをしめしている。

　縄文時代の一定地域にある諸遺跡を群として把える研究は，今日やっと体験的・記載的な段階にはいったといえる。この研究が歴史科学の課題のひとつ，日本原始社会の究明にせまるには，まだなお多くの分析方法の開拓と問題の解決を必要とするのである。われわれがこの研究をすすめていく上で留意すべきことは，ひとつの定型的な集落に具現する人間集団が原始社会におけるどのような社会組織のどのような単位にあたるのかという問題を解明しなければならないということである。ただ，こうした問題は考古学だけでは解明することができなく，歴史科学の諸分野，とりわけ民族学や歴史学などとの正しい結びつきと交流をすすめるなかで追究されなければならないことはいうまでもない。

　ここで使用した資料は港北ニュータウン埋蔵文化財発掘調査団の発掘調査の成果によるものである。

註
1) 酒詰仲男「神奈川県下貝塚間交通問題試論」人類学・先史学講座，17，1943
2) 和島誠一「原始聚落の構成」日本歴史学講座，1948
3) 市原寿文「縄文時代の共同体をめぐって」考古学研究，21，1959
4) 岡本　勇「原始社会の生産と呪術」岩波講座日本歴史1　原始および古代，1，1975
5) 和島誠一・岡本　勇「南堀貝塚と原始集落」横浜市史，第1巻，1958
6) 坂本　彰・石井　寛・今井康博・佐久間貴士「西ノ谷貝塚の調査（Ⅰ）（Ⅱ）（Ⅲ）」港北のむかし，52・53・54，1974
7) 宮沢　寛・今井康博「池辺第4遺跡」港北ニュータウン地域内文化財調査報告Ⅳ，1974
8) 伊藤　郭・坂本　彰「横浜市神隠丸山遺跡（ル1・2）の調査」第4回神奈川県遺跡調査・研究発表会発表要旨，1980
9) 坂本　彰「華蔵台（荏田第4）遺跡」・「華蔵台（荏田第3）遺跡」日本考古学年報，27，1976
　　坂本　彰「華蔵台遺跡―第2次」日本考古学年報，31，1980
10) 石井　寛「縄文社会における集団移動と地域組織」調査研究集録，第2冊，1977
　　石井　寛「集落の継続と移動」縄文文化の研究，8，1982

集落の構成

日本大学講師
鈴木保彦
（すずき・やすひこ）

拠点的な集落の構成は，およそ居住施設，貯蔵施設，調理施設，埋葬施設，祭祀施設に大別することができる

集落址研究の視点は，いくつかの方向性を指摘することができるが，本稿では各時期の拠点的集落を抽出し，その構成および諸施設の計画的配置，あるいはそうした事実から帰納される，集落内の空間的規制の問題などについて考えてみたい。

1 遺跡各説

（1）若宮遺跡

若宮遺跡は，静岡県富士宮市小泉に所在するもので，富士山西南麓の末端部の南面する傾斜地に位置する[1]。

若宮遺跡における縄文時代の集落は，草創期末葉の表裏縄文土器の段階から，押型文土器の段階のものである。集落を構成する遺構としては，住居址28軒，炉穴60基，集石土壙13基，集石5基，土壙12基などがある。住居址は時期の判明しているものは少なく，表裏縄文土器の段階（第Ⅰ期）のもの4軒，密接施文押型文土器の段階（第Ⅲ期）のもの3軒だけが明確になっているのみである。しかし，他の住居址も上記の時期内であることはまちがいない。他の遺構についても同様である。

若宮遺跡の調査は，道路敷分の発掘であったため集落全域を明らかにしていないが，発掘した範囲での住居址の分布は，半円形を呈する帯状の地域内にめぐっており，地形的な条件を含めて検討すると，馬蹄形を呈する集落であったと考えることができる。集落内の住居址以外の遺構も，炉穴のすべてと集石土壙，集石，土壙のほとんどが，住居址の展開する弧状の地域内に分布している。また，住居址，炉穴などはこの範囲内で密集する地域が数カ所ずつあることが指摘できる。縄文時代では最も古い馬蹄形集落の例である。

（2）阿久遺跡

阿久遺跡は長野県原村に所在するもので，八ヶ岳西南麓の南西に広がる尾根上に位置する[2]。

阿久遺跡における縄文時代前期の集落は，中越式期から上原式期までのものであるが，途中神之木式，有尾式期に断絶期があり，これを境に前半（Ⅰ期，Ⅱ期）と後半（Ⅲ期―Ⅴ期）に区分される。

集落の構造は前半と後半では大きく異なり，前半はⅠ期（中越式前半期）が住居址1軒のみであるが，Ⅱ期（中越式後半期）では，住居址30軒と方形柱列10基からなる，南斜面に開口部をもつ馬蹄形集落となる。Ⅱ期における方形柱列は，住居址群内部に取り込まれる位置，すなわちその内縁に接する位置にあることが指摘され，用途としては居住，貯蔵などの生産活動に直接関わるものと考えられている。一方，断絶期を経たⅢ期以降の集落構造をみると，住居址の分布は西に開口部をもつ馬蹄形に展開し，Ⅲ期（黒浜式後半期）では19軒の住居址，Ⅳ期（南大塚式期）では12軒の住居址，Ⅴ期（上原式期）では2軒の住居址が検出されている。住居址以外の遺構では，Ⅲ期に方形柱列1基と土壙9基が集落の中央部にみられる。Ⅳ期になると中央部に立石・列石が設置され，それを中核として土壙群と環状集石群がめぐり，この間に方形柱列が構築され，これを住居址群が3重にとり囲むという阿久遺跡の最も特徴的な集落構造が成立する。Ⅴ期ではⅣ期と同様の集落構造が維持されていたと考えられるが，数量的には減少傾向にあることは否定できず，このような構造の集落はこの期をもって終了したものと考えられている。

このように阿久遺跡の集落は，前半が居住・生産の場としての馬蹄形集落であったと把えることができる。後半は儀礼施設と考えられる立石・列石を中心として，その周囲に再葬墓と考えられる多数の土壙墓群（内帯Ⅰ）が作られ，その外側に居住区と墓域を区画する施設であるとともに，再葬儀礼にともなう祭式の跡とされている環状集石群（内帯Ⅱ）がめぐり，さらにこの間には方形柱列が構築される。方形柱列は，前半には住居址との密接な関係がうかがえたが，後半は墓壙群や環状集石群との強いかかわりを考えさせる位置に設置されており，その性格も埋葬儀礼と関係するものに

変化したものと考えられている。住居址が分布する居住域（外帯）は，これらを取り囲む位置となるが，前者の墓壙群，環状集石群に比べて住居址の軒数が少ないため，広い範囲の集落の連合的な祭祀場ではなかったかという想定もなされている。

（3） 神谷原遺跡（図1）

神谷原遺跡は東京都八王子市椚田町に所在するもので，八王子盆地の南を囲む小比企丘陵の中央ほぼ南端に位置している[3]。

神谷原遺跡における縄文時代の集落は，五領ヶ台式期から勝坂2式（藤内I，II式）期までのものであり，集落を構成する遺構としては，住居址50軒（含大形住居），墓壙と考えられる土壙約60基，方形柱穴列1基，ピット群400個，集石土壙17基などがある。これらの遺構の配置は，住居址50軒が直径約100mの環状に分布し，中央部分には墓壙と考えられる土壙群があり，その周辺にピット群がめぐり，さらにその外側に方形柱穴列や住居址群がめぐるという構造になっている。墓壙と思われる土壙には，五領ヶ台式，狢沢式，新道式などの土器や，石匙，装身具と考えられる石製品などが出土したものがある。この周囲に展開するピット群は，この墓壙群のまわりを10m前後の幅で環状にめぐっているものであり，墓域をとりかこむ形で柱状あるいは柵状のものが構築されていた可能性が指摘されている。方形柱穴列は，ピット群と住居址群の中間，集落全体の配置状態からみれば，住居地域とも考えられる位置にあって，掘立柱建物跡と考えられている。また，集石土壙は，ピット群と重なる位置，住居址群と重なる位置，その外側に離れた位置などに分布しており，屋外の共同調理場と考えられている。

神谷原遺跡における集落の変遷は，I期（五領ヶ台式期），II期（狢沢式期），III期（新道式期），IV期（藤内I，II式期）の4時期に区分されているが，中央土壙墓群中には，五領ヶ台式土器が出土したこの時期の明確な土壙墓だけでも6基が検出されており，集落の開始段階から中央部分に墓域が設定されていたことが，明らかとなっている。

このように神谷原遺跡は，例の少ない中期前半の環状集落であるが，集落内の遺構の配置からみると，中央部分に墓域があって，その周囲には，墓域と居住域とを区画するピット群があり，方形柱穴列や住居址群からなる住居地域は，この外側に環状にめぐるという構造になっている。

（4） 西田遺跡（図2）

西田遺跡は岩手県紫波郡紫波町に所在するもので，河岸低地に囲まれ，北上川に切り離された勾玉状の残丘に位置している[4]。

西田遺跡における縄文時代の集落は，大木6式期，同8a式期，同8b式期のものであり，集落を構成する遺構としては，住居址35軒，墓壙192基，柱穴状ピット群（含長方形柱穴列）約1,000個，貯蔵穴状土壙129基などがある。このうち，住居址14軒と墓壙および柱穴状ピット群のほとんど，および貯蔵穴状土壙の多くは，大木8a式期のものと考えられており，この時期が，種々の施設からなる西田遺跡の特徴的な集落構造をとらえることのできる時期である。

大木8a式期の集落の配置は，中央部に墓壙と考えられる舟底形の土壙群が，長軸を中心部に向ける方向で同心円状に並び，その外周に柱穴状のピット群が環状にめぐる。このピット群は，長方形柱穴列になるものがその大半を占めるものであるが，墓壙と長方形柱穴列とは，その配置状態に明確な対応関係があり，さらにそれぞれ

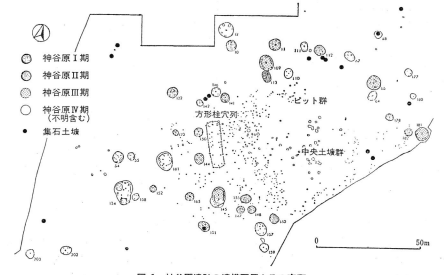

図1　神谷原遺跡の遺構配置とその変遷

このように西田遺跡は，環状集落であったと考えることができるが，諸施設の配置をみると，集落の中央部に墓域があり，その外周には墓域と一体不離の関係にある祭祀地域が設定されている。さらに，これらの外側には，住居址群と貯蔵穴群からなる居住地域が，環状に展開するという構造になっている。

（5）横浜市港北ニュータウン地域内の遺跡

港北ニュータウン地域内では，この数年間に縄文時代中期・後期の大規模集落が調査されている。これらは，いずれも拠点的集落と考えられているものであり，集落の構成，構造ともに共通する要素が多い。

三の丸遺跡（図3） 三の丸遺跡における縄文時代中期・後期の集落は，勝坂式期から加曽利BI式期までのものであり，集落を構成する遺構としては，住居址273軒，長方形柱穴列38基，貯蔵穴180基，墓壙370基などがある。縄文時代の集落址としては全国屈指の規模といえる[5]。

中期の勝坂式期から加曽利EⅡ式期までの住居址の軒数は，勝坂式期約90軒，加曽利EⅠ式期約40軒，同Ⅱ式期約95軒であるが，その分布は，各時期とも，北半部の馬蹄形を呈する集落と，南半部のU字状を呈する集落に分離される。加曽利EⅢ・Ⅳ式期の住居址は12軒検出されているが，Ⅱ式期までの住居分布と異なり，同じ台地上ではあるが，両集落以外の地点にも検出されるようになる。他の中期の集落を構成する遺構としては，長方形柱穴列19軒，貯蔵穴約80基，墓壙130基などがある。

後期の住居址は45軒検出されており，そのうち時期の明らかなものは，称名寺式期9軒，堀之内式期20軒，加曽利BI式期7軒となっている。住居址の分布は，称名寺式期のものが，加曽利EⅢ・Ⅳ式期のあり方に近似し，それ以降のものは，加曽利EⅡ式期までの集落構造とよく似たあり方を呈するといえるが，重ね合わせてみると全体的に内側に寄る傾向があるようである。他の後期の集落を構成する遺構としては，長方形柱穴列19基，貯蔵穴約100基，墓壙約250基などがある。

以上のように三の丸遺跡における集落は，3期に区分して把えることができるが，中期の勝坂式期から加曽利EⅡ式期までの集落は，北半部の馬蹄形集落と南半部のU字形集落から成っており，いずれも集落中央部に2ブロックの墓壙群によっ

図2　西田遺跡遺構配置図

がもつ軸方向に一定の規則性が認められることから，長方形柱穴列の機能は，墓壙と密接な関係をもつ祭祀にかかるものと考えられている。これらの遺構によって形成された環状帯の南側には，竪穴住居址が集中的に検出されている。その分布状態は，東西に未調査部分があるため明確にされていないが，貯蔵穴状ピット群が占地する北側をのぞいて，ほぼ環状にめぐることが予想されている。

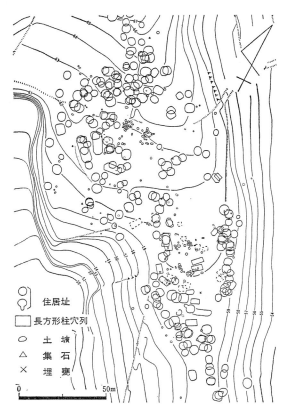

図3 三の丸遺跡縄文中期A・B区遺構配置図（中部分）

図4 大熊仲町遺跡遺構配置図

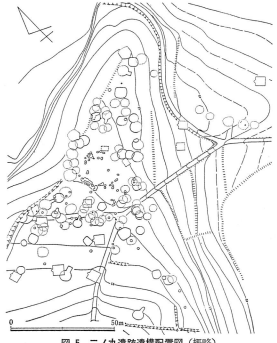

図5 二ノ丸遺跡遺構配置図（概略）

て形成される墓域があり，その周囲の住居地域には，住居址，長方形柱穴列，貯蔵穴が展開するという構造になっている。加曽利EⅢ式期から称名寺式期までの中期末から後期初頭においては，こうした集落の空間規制がゆるんで，住居址は台地内の広い範囲に拡散するあり方となる。拠点的集落の崩壊ともいうべき現象である。しかし，堀之内Ⅰ式期から加曽利BⅠ式期にかけての後期前葉には，再びかつての集落構造に近いかたちにもどり，拠点的集落としてのあり方となるのである。

大熊仲町遺跡（図4） 大熊仲町遺跡は，中期の勝坂式期から加曽利EⅣ式期までの環状集落である[6]。

集落を構成する遺構としては，住居址168軒，長方形柱穴列6基，貯蔵穴，墓壙などの土壙140基，集石19基，単独埋甕2基，多数のピット列，ピット群などがある。

集落内の遺構の配置をみると，墓壙は加曽利EⅡ式期のものがほとんどであるようであるが，中央部分に集中し，その周囲に住居址，集石，貯蔵穴などが環状に展開する。長方形柱穴列は，勝坂式期のものであるが，住居地域およびその外縁に接する位置にある。すなわち，この遺跡では，墓壙の位置と住居群などとの関係は他の遺跡と同様であるが，長方形柱穴列の位置が，墓域とはっ

きり隔絶した位置にあることが特徴となっている。

二の丸遺跡（図5） 二の丸遺跡は，中期後半から後期初頭の加曽利BI式期から称名寺式期までの環状集落である[7]。

集落を構成する遺構としては，住居址104軒，貯蔵穴45基，集石7基，単独埋甕6基，長方形柱穴列2基，墓壙44基がある。遺構の配置をみると，墓壙は加曽利BⅡ式期から同末期のものと考えられているが，中央部分に集中し，この北東の近接する位置に長方形柱穴列がある。住居址，集石，単独埋甕および貯蔵穴の多くは，これらの周囲の住居地域に環状に展開している。

神隠丸山遺跡（図6） 神隠丸山遺跡は台地の西側に中期の集落，東側に後期の集落が，いずれも環状に展開するものである[8]。

中期の集落は，勝坂式期から加曽利EⅡ式期までのもので，集落を構成する遺構としては住居址81軒，貯蔵穴約20基，長方形柱穴列14基，墓壙約70基がある。後期の集落は，堀之内Ⅰ式期から加曽利BⅢ式期までのもので，集落を構成する遺構としては，住居址44軒（安行Ⅰ式期のもの1軒を含む），貯蔵穴30基，長方形柱穴列9基，墓壙約40基がある。

これらの遺構の配置は，中期，後期いずれの集落とも中央部分に土壙墓群があり，この外側に長方形柱穴列がめぐり，これらを取りまくように住居址群，貯蔵穴群が展開するという関係になっている。すなわち，集落中央部が墓域，外側の部分が住居地域，その中間に長方形柱穴列が位置するという構造である。

池辺第14遺跡（図7） 池辺第14遺跡は中期・後期の集落址であるが，主体となるのは堀之内Ⅰ式期から加曽利BⅠ式期の後期のものである[9]。後期の集落を構成する遺構には，住居址26軒，貯蔵穴30基，円形土壙24基，墓壙103基，甕棺墓1基，単独埋甕1基などがあるが，住居址は重複するものを合わせると50軒以上といわれている。また，長方形柱穴列，ピット群なども検出されているが，時期不明のものが多いとのことで

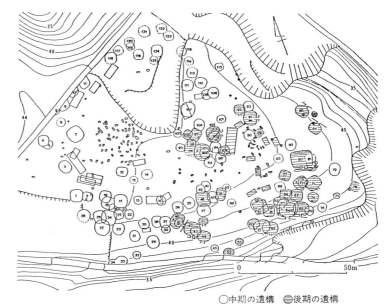

図6 神隠丸山遺跡縄文時代遺構配置図

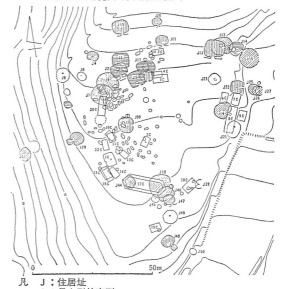

図7 池辺第14遺跡遺構配置図

ある。遺構分布図によると長方形柱穴列は，およそ20基ぐらい検出されているようである。

遺構の配置は，住居址，貯蔵穴がほぼ環状にめぐるが，墓壙は中央部ではなく，ピット群とともに住居址群などの分布のとぎれる南西部分に位置している。長方形柱穴列は，住居址などの分布する環状の地域の北東側と北西側および墓壙，ピット群が分布する南西側の3カ所に広がっている。

遺構の配置は，敷石住居址が集落の西側から南側を経由して北側に至る馬蹄形の範囲内に分布し，配石墓群は，これらに囲まれた中央部のやや北側に2群ある。また，祭祀遺構と考えられる環状組石遺構，第1—第3環礫方形配石遺構，北側配石群などは，敷石住居址群が馬蹄形に分布している切目となる北西側に位置している。したがって，この部分と敷石住居址群の分布する地域を合わせれば，配石墓群を中心として，その周囲に環状にめぐることになる。

このように下北原遺跡では，集落の中央部分に墓域があって，その周囲の馬蹄形の範囲に住居地域があり，住居地域の切目となる部分が祭祀地域となっている。つまり集落内の空間分割は，遺構の性格別によって規定されていたと考えることができるのである。

2 集落の構成とその構造

これまで述べたように，集落を構成する遺構には，竪穴住居址，敷石住居址などの居住施設，貯蔵穴，小竪穴などの貯蔵施設，土壙墓，配石墓，甕棺などの埋葬施設がある。また，炉穴と集石土壙，集石などの多くは調理施設と考えられるものである。立石・列石，環礫方形配石遺構，環状組石遺構などは，直接居住，生産などにかかわる遺構とは考えにくい非日常的施設と思われるものであり，祭祀施設というべきものであろう。単独埋甕は，甕棺ないし室内埋甕と同様の小児埋葬などの用途が考えられる。組石遺構は，単独に発見される場合は性格不明のものが多い。長方形柱穴列（方形柱穴列）は，石井寛らが指摘するように[11]，平地式の掘立柱建物址であろう。池辺第14遺跡や三の丸遺跡では，少数ながら炉をもつものがある。その性格は，西田遺跡や中期の三の丸遺跡南側集落の2基の例のように，土壙墓との密接な関係をうかがわせるものから，阿久遺跡の前期や大熊仲町遺跡のあり方のように，住居址群との強い関係を想定させるものまである。集落内での配置状態をみると，住居地域と墓域の中間帯に位置するものが多い。

以上のように，集落を構成している遺構を分析

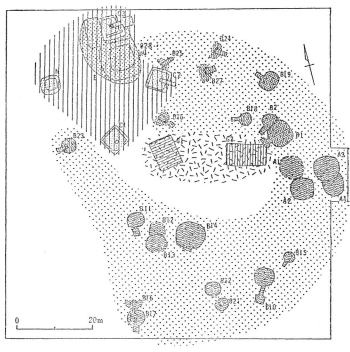

図8 下北原遺跡遺構配置図および遺構の性格別地域図
A：竪穴住居址　B：敷石住居址　C：環礫方形配石遺構
E：北側配石群　G：配石墓群　N：環状組石遺構

すなわち，この遺跡では，墓域が集落中央部にあるのではなく，各種の遺構が環状に配置するなかで，その一部の地域にまとまって分布するというやや特殊な集落構造となっている。

（6）下北原遺跡（口絵，図8）

下北原遺跡は，神奈川県伊勢原市に所在するもので，大山東側山麓の南向きの緩斜面に位置する[10]。

下北原遺跡における縄文時代の集落は，中期末から後期前半の加曽利E4式期から加曽利B1式期まで配石遺構が中心となるものである。この時期の集落を構成する遺構としては，敷石住居址21軒，配石墓群2群，環礫方形配石遺構3基，環状組石遺構1基，配石群2群，組石遺構22基などがある。これらを時期別にみると，敷石住居址が加曽利E4式から加曽利B1式期，配石墓群が堀之内2式期から加曽利B1式期，環礫方形配石遺構が加曽利B1式期，環状組石遺構が堀之内1式期，配石群が堀之内1式期から加曽利B1式期，組石遺構は不明なものが多いが，加曽利E3式期から加曽利B1式期のものと考えられる。

すると性格不明のものもあるが、およそ居住施設、貯蔵施設、調理施設、埋葬施設、祭祀施設に大別することができる。

集落内におけるこれらの諸施設の配置は、前項でみたように居住施設、貯蔵施設、調理施設が、馬蹄形ないしは、環状の地域内に展開するのである。いわゆる馬蹄形集落、環状集落である。このような集落のあり方は、若宮遺跡の例のように、古くは表裏縄文土器の段階にさかのぼることが明らかになった。一方埋葬施設は、池辺第14遺跡のように、居住施設などとともに環状の範囲内に設定されているものもあったが、ほとんどのものは集落中央部に位置している。この場合、同じ集落中央部でも、西田遺跡のように墓壙の配列に規格性のあるものや、三の丸遺跡や下北原遺跡のように埋葬区が2群に区画されているものなどがあり、決して一様ではない。また、祭祀施設については、阿久遺跡の立石・列石と環状集石群の例、西田遺跡の墓壙周辺に環状にめぐる長方形柱穴列の例、あるいは下北原遺跡における住居址群などが、馬蹄形状にめぐる切目に分布する環礫方形配石遺構、環状組石遺構、北側配石群の例などがある。いずれも集落構造の重要な位置にあり、地域が限定されている。

ここで俎上にのせた集落のあり方は、集落の最終段階ないしは、一定期間経過後のすがたをあらわしているものであるが、集落の存続期間ないしは一定期間を通して、このような空間規制が厳守されなければ、このような結果にはなり得ないのである。そうした意味からすれば、こうした空間規制は縄文時代集落の一典型として理解されるべきものであろう。無論すべての集落が、こうした構造を呈するものでないことはいうまでもない。たとえば、中期の住居址75軒と貯蔵穴と思われる小竪穴129基を検出した高根木戸遺跡[12]や、中期・後期の住居址35軒、土壙10数個、埋葬人骨51体分を検出した貝の花貝塚[13]などでは、集落中央部は文字通り空間であって、遺構はほとんどが馬蹄形ないし環状の範囲に限られるのである。港北ニュータウンに近接した地域にあって、中期の住居址43軒が検出された鶴川遺跡J地点[14]も同様である。こうしたことは、1955年に調査され前期の住居址約50軒が検出された、南堀貝塚の集落の発掘以来、調査者の和島誠一らによって古くから指摘されていたことであり[15]、これもまた、縄文時代集落の一典型といえるものである。したがって、これまで述べてきた集落の構造は、縄文時代の集落の普遍的なあり方とはいえないのであるが、前期以降、東北地方から関東・中部地方において、このような構造の拠点的集落の存在が、決して少なくないことが明らかにできたと思う。ことに特殊な性格の遺跡と考えられがちな西田遺跡や阿久遺跡もその構造は、ここで取り上げた他の集落のあり方と共通する要素が多いことが、指摘できるのである。

註
1) 馬飼野行雄ほか『若宮遺跡』富士宮市教育委員会、1983
2) 笹沢 浩ほか『長野県中央道埋蔵文化財包蔵地発掘調査報告書 原村その5』、長野県中央道遺跡調査団、1982
3) 新藤康夫「神谷原遺跡におけるムラと墓」どるめん、30、1981
   新藤康夫ほか『神谷原II』八王子市椚田遺跡調査会、1982
4) 佐々木勝ほか『東北新幹線関係埋蔵文化財調査報告書(西田遺跡)』岩手県教育委員会、1980(図2は永峯光一『縄文土器大成』2による)
5) 伊藤 郭ほか「横浜市三の丸遺跡の調査」第7回神奈川県遺跡調査・研究発表会発表要旨、1978
6) 坂上克弘ほか「神奈川県大熊仲町遺跡」日本考古学年報、32、1982
7) 富永富士雄「横浜市二ノ丸遺跡(チ3)の調査」第3回神奈川県遺跡調査・研究発表会発表要旨、1979
8) 伊藤 郭ほか「横浜市神隠丸山遺跡(ル1・2)の調査」第4回神奈川県遺跡調査・研究発表会発表要旨、1980
9) 坂上克弘「横浜市池辺第14遺跡の調査」第1回神奈川県遺跡調査・研究発表会発表要旨、1977
10) 鈴木保彦『下北原遺跡』神奈川県教育委員会、1978
    鈴木保彦「伊勢原市下北原遺跡におけるセトルメント・パターン」日本大学史学科50周年記念歴史学論文集、1978
11) 坂上克弘・石井 寛「縄文時代後期の長方形柱穴列」調査研究集録、1、1976
12) 八幡一郎ほか『高根木戸』船橋市教育委員会、1971
13) 八幡一郎ほか『貝の花貝塚』松戸市教育委員会、1973
14) 大場磐雄ほか『鶴川遺跡群』雄山閣出版、1972
15) 和島誠一「南堀貝塚と原始集落」横浜市史、1、1958

集落と物資の集散

東京都教育委員会
安孫子昭二
（あびこ・しょうじ）

縄文時代に他の文化圏あるいは集落周辺から齎された物資は製品として，素材として，また原料という形で流通した

　縄文時代の物質をいう場合，遺跡から得られる情報では，一見して別の地域あるいは別文化圏から齎された特産品としてのものと，遺跡周辺の比較的近郊から齎されたものとの二者に大別できるであろう。前者には，硬玉，黒曜石，琥珀，アスファルト，内陸部における鹹水産貝殻などに代表される物資があり，産出地が限定されるところから識別しやすいし，それだけに脚光をあびてきた一面がある。後者には，所属する文化圏の土器をはじめ，各種の石材，骨角器用の原材，食料としての動・植物などといったあらゆる有形・無形の物資がふくまれようから，一概に区別しにくいものがある。

　またこれとは別に，土偶をはじめとする各種の呪術具や塗漆された櫛や透彫りされた耳飾のような装身具類に，専業の工人が存在したのかどうか。あるいは，生産遺跡こそ指摘できても供給ルートや供給圏のはっきりしない食塩の問題の扱いなど，芒洋としてまとまらない。

1 「先史時代の交易」と研究の現状

　今日の縄文文化における物質の流通問題を語るうえで，記念碑的な役割りを担ったのは，昭和13年に刊行された八幡一郎の「先史時代の交易」[1]である。八幡は，それまで欧米の先史学が明らかにしてきた交易および交通の問題の研究成果を該博な知識で紹介するとともに，日本ではこの方面の研究がほとんど手がつけられなかったことを指摘する一方，これから組織的な研究に着手すべきその布石としていくつかの物資（フリント，硬玉，黒曜石，琥珀，貝殻，青銅器など）をとりあげている。以下に，後章でとりあげる硬玉，黒曜石，アスファルトに限って見，現段階における研究成果と問題点についても簡単にふれることにする。

　硬玉　姫川支流の小滝川に硬玉の原産地が確認されたのは，該論文が刊行された直後である。それまで日本の各地で出土する硬玉製品は，ビルマ，雲南，チベット方面から舶載されたものと考えられていた。浜田耕作が「大和民族が已に高塚を築造して居った時になお石器時代に彷徨して居った他地方の民族が，之を模倣して作った……」としたのに対し，八幡は，硬玉製品あるいは原料が大陸の原産地から将来された説に同調しながらも，石器時代と古墳時代の併行の時代錯誤を説き，おおむね東日本の縄文中期遺跡に大形の大珠が流布したものが，「やがて大陸からの補給が止むにおよんで，漸次大形品を崩して小形品に分用したのであった」と考えた。そして，こうした国外から齎されたような広域に分布する物質に対して，遠路流通の概念をあてたのである。

　その後，小滝川に加えて青海川橋立にも硬玉原産地が確認され，付近には糸魚川市長者ヶ原遺跡に代表される硬玉攻玉の遺跡が発掘されるにおよび，そのあり方と製品玉類の交易問題に関心が注がれてきたのである[2]。ともあれ硬玉製品は，新潟県西頸城地方を中心として中期に大珠・玉斧類が生産されはじめ，該地域を中心に東北，関東，中部，北陸，関西というように，土器様式の文化圏を越えて遠路流通している。

　中期に盛行した大形の大珠などの生産は一時後期に衰退する。これについて安藤文一は，乱獲による転石などの資源枯渇とするよりも，北陸・北信越地方を含めた気屋式土器集団の社会経済的現象として捉えている。さらに晩期になって同地方に硬玉攻玉遺跡が復活すると，中期の権威的意識にあった大形玉類から信仰的，呪術的要素の強い小形の玉類が大量に生産されていくという。硬玉原産地以外の地域にも玉作集団が生起し，それまで伝世されてきた大珠などを，分割し，再使用したらしいともいう。

　黒曜石　黒曜石は石英粗面岩や安山岩のごとき新火成岩となるべき岩漿が急に冷却凝固するさいに生ずる天然ガラスであり，緻密さと貝殻状断面を作るところから，石鏃や石槍の製作にとって重要であったとし，中でも有名な原産地として北海道十勝，信州和田峠（冷山・摺鉢山・星糞峠），それ

に九州をあげている。また，東京帝国大学人類学教室に全国各地から寄せられた石鏃1,995個について赤堀英三が石質調査し，各地方の用材の選択がそれぞれの岩石を用いていて，大規模なる原材の移動が日本石器時代人の手によって行なわれたとは言い難いと述べたことを紹介し，しかも，原産地と石材の分布範囲が十勝，和田峠，九州とも半径ほぼ50〜60里（200〜240km）であり，この分布圏を当時の交易圏と見立てて近隣交易と呼んだ。

黒曜石の原産地は，今日では北海道から九州にかけて40カ所に及ぶことが確認されているが，石器素材に適する原産地となると限られる[3]。また，各種の理化学的な分析研究が進んだことにより，原産地推定，年代測定が可能になり，注目すべきデータが積み重ねられつつある。ただこれまでの研究成果は，遺跡調査から得られる考古学的情報をおいて，自然化学者に分析を委ねてきたデータをそのまま受けとめてきた一面があったようである。

こうした中で，縄文後期後半から晩期にかけては，露頭や転石を利用するだけでなく，かなり大規模な採掘坑を設定してより良質の黒曜石を獲得しようと意図したことが，信州星ヶ塔から検出されている[4]。該例などはそこに専業的な採掘集団が存在した可能性を示唆するが，それがいつ頃からどのようにして出現したものか，また採拾の段階とどのような違いがあるかなど，具体的に把握するのは難しい。

アスファルト　日本海側の石油鉱床地帯に産出する天然アスファルト（土瀝青）が奥羽地方の石器，骨角器，土偶の破損部などに使用された事例のあることは早くより知られていた。まず佐藤伝蔵がこれを膠漆様物質として注視し，これをうけて佐藤初太郎は，そのいろいろな性状の特徴から土瀝青であろうと判断し，羽後に特産地があることを言及した。つづいて藤森峯三は，羽後国南秋田郡豊川村（現昭和町）竜毛および槻木の土瀝青産地で縄文土器（円筒上層式か）および旧象類の歯や牛の角の出土を報じた。八幡はこうしたそれまでの研究の経緯について紹介し，秋田県を中心にして奥羽地方一帯から北海道，越後，下野，信濃などの，半径100里（400km）内に交易により分布したことをあげ，この背景として，弾性と粘性に富むところから凝着材に，また水に対する抵抗が強いところからとくに水中で使う銛の類にはなく

てはならないことを強調している。

アスファルトの研究の現状は文献[5]を参照されたいが，2, 3抽出すれば次のようである。

アスファルト付着遺物の事例は，ここ数年来の緊急調査により急激に増加した。この分布状況から，これまで秋田市近郊の槻木が唯一の産出地に擬定されてきたが，新潟県の油田地帯および山形県藤島町湯の台が追加視されるにいたった。『日本書紀』27巻の天智天皇7年（668）に越国から燃土，燃水が発見されて献じられたというが，該油田地帯にはくそうず[6]と発せられる幾多の地名がある。湯の台にも同じ名称に由来する草津油田があり，現在も重油が谷間から滲出している。

使用の開始は，中期に入ると同時に，秋田市周辺から青森・岩手方面の円筒土器文化圏に広まったらしい。山形の大木文化圏はこれより遅れて中期中葉のようであり，新潟はさらに遅れて後期に入ってから，と目される。それが後期後半になると東北一円にわたり普及し，多用されるようになるが，ことに太平洋岸の貝塚地帯では，時あたかも骨角製漁撈具が極度に発達する段階に相応する。

楠本政助によれば，アスファルトが熱に溶けやすい性状を利用すれば骨角製漁撈具の取り外しも容易であり，用具の取り換えや補修が可能であること。さらに，単装固定銛のコミとソケットの隙間に植物質の繊維を強く巻き，タールを充塡しておくと，固着の強化とタールの節約だけでなく，刺突時の衝撃を緩和する大事な役目も兼ねそなえている。この衝撃の緩和がなければ，銛の寿命が半減する，という[7]。

アスファルトの需給関係について，日本海側と太平洋側の集団の領域を越えた協業と分業の関係が確立し，相互の特産物の交換がなされた，という林謙作の指摘[8]もある。

こうした万能の膠着材であったアスファルトの使用は，米作農耕を中心とする弥生文化に移行するのと軌を一にして，需給関係が途絶えてしまう。骨角製漁撈具，石鏃の使用が退嬰化するとき，それまでの常備品であったアスファルトの効能も失われたものであろう。

2　製品・素材・原料による流通の違い

これまで，八幡一郎が「先史時代の交易」でふれられた幾つかの交易物資の中から，硬玉，黒曜

石，アスファルトをとりあげ，昭和13年当時と今日の研究段階を概観した。この物資はまた，製品として，素材として，原料という形で流通した物資でもある。そこでいま一度，硬玉，黒曜石，アスファルトを軸に，その流通のあり方をみてみよう。

製品として流通した物質には，多分に古代史上にみられる部民のような専業的な工人が存在したであろう。硬玉製品には攻玉集団が原産地である西頸城地方に世襲的にいて，縄文時代中期以降古墳時代にいたるまで，断続的に営んでいる。こうした専業集団には，縄文後期終末から晩期前半にかけて，霞ケ浦周辺に現われた製塩技術をもつ集団がいるが，晩期中葉以降は廃れ，替って，松島湾周辺に製塩集団が現われ，弥生，古墳時代へと受け継がれていく。先史地理学的な立場から藤岡謙二郎は，物資や技術の伝播と文化圏の交渉とは，ひとまず別に考えるべきであろう，という。海退していく霞ケ浦から追われた製塩集団が，より製塩に適した条件を求めて移動し，その後裔が松島湾周辺に落ち着いたものであろうか。

なお，製塩の場合は，製塩遺跡が確認されても製品として食塩が残らないだけに，その流通経路や分布圏をとらえることが難しい。

製品として流通したであろう特殊な物資の一つに塗漆製品がある。他の鉱物資源と違って漆の栽培などが地域に限定されない以上，むしろ専業の工人が各地を巡回し，需要に応じて製作したものであろうか。あるいは，大まかには文化圏ごとにそうした専業工人がいて，流通したものであろう。こうした動きはすでに前期初頭の鳥浜貝塚の塗漆された飾り櫛や土器に認められる。おそらくその出現は，硬玉に先立って早期終末頃から開始された，富山県極楽寺遺跡に代表される玉作り集団とも似通っていたであろう。塗漆製品は，晩期に最も隆盛するが，この間の稀薄な資料は，いずれ低湿地遺跡からの出土により埋まるものと思われる。

素材として流通した物資の代表は黒曜石であるが，狩猟用および獲物の解体用の道具として黒曜石が重用されたのは，縄文時代よりも先土器時代であった。先土器時代には単に原石をそのまま運びだすよりも，粗悪部を外して形を整えれば，重さも軽減されてより多く持てることになる，ブランクとして供出している。したがって原産地の近くにはこうしたアトリエが設定された。黒曜石の原産地に囲まれた和田村男女倉遺跡もその一つであるが，縄文時代よりも先土器時代の方がより活況を呈したことも，上記した理由によるであろう。

こうして各遺跡に持ち込まれた石器などの素材は（黒曜石に限らないが），松島湾の晩期西ケ浜，里浜貝塚のあり方を通してみると，石器が必要視された段階でその都度，母岩から少しずつ剝取されていたようである[9]。

原料のまま流通した物資，アスファルトはどうであろうか。藤村東男が調査した，晩期後半の北上市九年橋遺跡の分析[10]を例にとろう。遺跡は奥羽脊陵山脈の東側で，大洞貝塚のある大船渡市と秋田県本荘市を結ぶ国道107号線の中継地点にあり，その意味でも当時のアスファルトロードの重要な中継集落であったろう。

藤村は，九年橋遺跡の石鏃710点の168点（23.7%），石匙88点の24点（27.2%）にアスファルトが付着していることから，この割合を意外に低いと評価した。また，太平洋岸各地に供給するルートの中継点としては，遺跡に蓄えられたアスファルトの量が，鉢形土器3個体分の2.5*l*しかなく，とても他地域に供給する量ではない，という。かくして，そこから導かれる結論は，「アスファルトの利用はせいぜい装着の容易さにすぎず，両者（石鏃・石匙——筆者註）の性能を向上させるものではない」し，「使用する際の判断基準は合理性に裏づけられたものとするよりも，物珍しさといった嗜好のレベル」になってしまうのである。

しかしこの見解では，同時期の三陸沿岸で発達した骨角製漁撈具とアスファルトの使用頻度およびその背景としての，林謙作のいう(1)産地が明らかで，(2)供給ルートが安定していて，(3)供給量が安定していた，との説明がつかなくなる。むしろ，九年橋遺跡の石鏃が語った 23.7% の付着割合は，遺跡に残らない使用済みの石鏃を加味すれば，かなり高い使用であったに違いない。また，遺跡に蓄えられていた 2.5*l* というアスファルトの量は（調査の進捗によってはさらに増える可能性あり），九年橋の集団が自ら使用するために常備していたに近い量と考えるべきである。日本海側の集団からバケツリレーされて来て中継し，そして三陸沿岸の集団へと供給されていったアスファルトの具体的な量を，2.5*l* という量にすりかえ

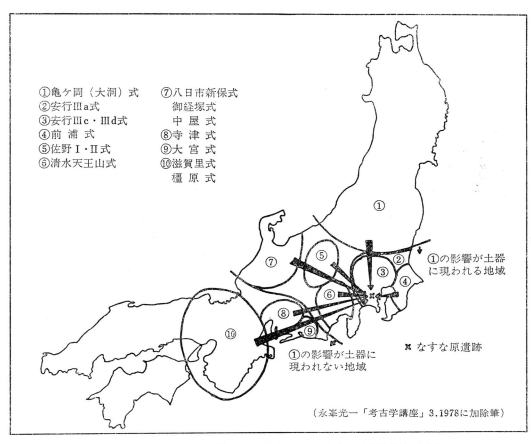

縄文晩期前・中葉の土器文化圏となすな原遺跡への影響（『なすな原遺跡展』より）

て計算することはできないのである。

　このほかに文化圏内外の交流を最もわかりやすく伝える媒体、土器をとりあげる用意でいたが紙数がつきた。町田市立博物館が昭和58年7月〜9月に催した「なすな原遺跡展」のパンフレット挿図を転載させていただき、趣意をくみとりいただきたい。

　なすな原遺跡は、昭和のはじめに八幡一郎の奥羽文化南漸資料でとりあげられ有名であるが、昭和50年から54年にかけて発掘された。図はその晩期に焦点をあてているが、後期終末の東北の新地式、中部の中ノ沢式の土器もある。

　これまでともすれば、亀ケ岡文化の西への波及が脚光をあびてきたが、その意味からも本遺跡のあり方は注目されるし、また橿原式が亀ケ岡文化圏へももたらされた事例も増しつつあり[11]、興味深い。いずれにしろ、なすな原遺跡の本報告が鶴首される。

註
1) 八幡一郎「先史時代の交易」人類学先史学講座, 上・中・下, 1924
2) 安藤文一「翡翠」縄文文化の研究, 8, 引用・参考文献の7参照, 1983
3) 小田静夫「黒曜石」縄文文化の研究, 8, 1983
4) 中村龍雄『黒曜石』上巻, 1977
5) 安孫子昭二「アスファルト」縄文文化の研究, 8, 1983
6) 山口賢俊ほか『越後のくそうず』1976
7) 楠本政助「縄文時代における骨角製刺突具の機能と構造」東北考古学の諸問題, 1976
8) 林　謙作「亀ヶ岡文化論」東北考古学の諸問題, 1976
9) 岡村道雄「松島湾宮戸島里浜貝塚における食料採集活動とその季節性」考古学研究, 116, 1983
10) 藤村東男「岩手県九年橋遺跡出土のアスファルト附着遺物について」史学, 52—2, 1982
11) 大竹憲治「関東・東北地方出土の近畿系晩期縄文式土器について」考古学ジャーナル, 224, 1983

特集 ● 縄文人のムラとくらし

集落の構成要素

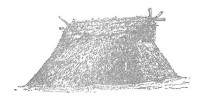

縄文集落を構成する住居の構造と種類，および食料獲得の場のひろがりと種類にはどんな変遷と地域差がみとめられるだろうか

縄文時代の竪穴住居／狩猟・漁撈の場と遺跡

縄文時代の竪穴住居
—北海道地方の場合—

奈良国立文化財研究所
宮本長二郎
（みやもと・ちょうじろう）

北海道の縄文の竪穴住居は円形，多角形が全時期を通してあり，時期ごとの差は関東地方ほどに顕著にあらわれていない

　住いは，その自然環境や社会的背景に順応して様々に異なり，変化することをわれわれは経験を通して知り，また，無意識のうちにその変化を受け入れてきた。全国各地の厖大な数の古代住居址を前にして，変化のスピードこそ現代に較べてはるかに遅いけれども，それらの住いの建てられた時代の，人々の生活のいぶきをひしひしと感じさせるゆえんである。

　拙稿「関東地方の縄文時代竪穴住居の変遷」（『文化財論叢』同朋社刊，昭和58年）では個々の住居址の平面形式や柱配置から構造形式を推定し，関東地方の縄文時代各期の竪穴住居の変遷について概観したが，これはあくまでも一地方の傾向を述べたに過ぎない。土器形式の異なる他の文化圏では住居形式もまた固有の変化を辿ることを前提にすると，それぞれの地方における住居の共通項目を比較することによって，各地の文化の相異点，類似性を指摘することが可能である。

　そこで本稿では関東地方とは自然条件を大きく異にして，文化の格差がより顕著に現われることが予想される北海道地方を取り上げることにした。

　北海道の縄文時代竪穴住居遺構は，準備不足もあって779棟を集めたのみであり，また，道内での遺構分布は道南，渡島地方に偏在して全道的な傾向を把握し難いこと，道内の地域差，年代差による土器形式の相対的な関係についても不確定要素が強いことなどの理由で，以下の論考は分析の途中経過報告の域を出ない。また，時期区分についても，分類の便宜上，以下に述べるような仮りの区分設定を行なったが，例えば，北海道の早期前葉と関東地方の早期前葉は必ずしも並行関係にあるとは限らないことを，あらかじめおことわりしておく。

1　各期の竪穴住居

　早期の竪穴住居　早期の時期区分はノダップⅠ式，下頃辺下層・上層式，沼尻，住吉町式を前葉，東釧路Ⅰ式，物見台式，アルトリ式期を中葉，東釧路Ⅲ・Ⅳ式，コッタロ式，中茶路式期を末葉として分類した。

　関東地方の早期竪穴住居は平均面積で14m²余り，30m²を越える例はない。柱は床面に浅く掘立て，2脚，3脚あるいは2脚を2対に組んで棟木を支持したもので，構造的に独立した主柱は早期末に出現する。

　北海道では，平均面積は17.9m²，40m²以上の住居址8例もあり，うち最大面積は浦幌町平和5号住居（88.2m²）で長・短径とも10mを越え，

38

表 1 北海道竪穴住居分析表

		早期 前	早期 中	早期 後	前期 前	前期 中	前期 後	中期 前	中期 中	中期 後	中期 末	後期 中	後期 末	晩期
床面積別棟数	m² 10	15	1	29	29	30	11	3	7	89	30	28	9	1
	20	8	2	18	11	34	15	8	23	47	48	17	4	7
	30	4	6	12	3	6	21	5	5	25	15	8	4	3
	40	3	1	6	—	—	22	1	4	11	4	2	—	7
	50	—	—	3	—	—	14	—	1	2	—	—	—	2
	60	1	—	2	—	—	9	1	2	3	2	—	—	—
	70	—	—	1	—	—	10	—	—	3	—	—	—	—
	80	—	—	—	—	1	6	—	—	—	—	—	—	—
	90	1	—	—	—	—	—	—	—	1	—	—	—	—
	100以上	—	—	—	—	—	1	2	—	2	1	—	—	—
遺跡数		5	5	9	3	7	7	10	11	29	20	4	6	9
遺構数		32	10	71	44	70	109	21	43	183	103	55	18	20
面積	最大 m²	88.2	38.0	60.2	75.4	29.9	120.9	96.4	56.3	137.6	133.5	35.7	41.4	47.5
	最小	3.8	8.5	2.9	3.5	3.1	3.8	8.4	3.9	2.3	4.3	2.4	1.1	7.5
	平均	17.6	22.7	17.4	11.2	11.2	35.4	28.7	19.7	15.2	17.4	11.7	14.4	26.2
最大	長径 m	10.6	8.3	9.7	12.0	6.5	10.5	16.8	11.0	15.0	16.5	7.0	9.1	8.4
	短径 m	10.2	6.3	8.0	8.0	5.5	9.0	7.4	6.4	9.0	10.0	6.5	5.8	7.2
	壁高 cm	100	65	130	100	90	160		120	170	90	100	140	100
周溝		—	—	—	—	—	5	3	13	36	24	—	—	5
主柱本数	0 本	21	7	53	39	12	19	5	23	99	53	44	12	18
	1	3	—	1	—	19	1	—	1	3	1	2	1	—
	2	4	1	4	—	18	—	4	1	19	4	6	4	1
	3	—	—	—	—	4	—	—	—	—	—	—	—	—
	4	4	2	12	—	15	51	5	3	29	17	3	1	1
	5	—	—	—	1	1	6	—	1	1	4	—	—	—
	6	—	—	1	2	1	32	3	10	5	9	—	—	—
	8	—	—	—	1	—	—	1	2	1	8	—	—	—
	10	—	—	—	—	—	—	1	—	—	3	—	—	—
	12	—	—	—	—	—	—	1	—	—	—	—	—	—
炉形式	×	17	4	46	35	62	15	5	15	62	14	31	6	6
	地床	14	6	19	9	4	41	14	24	73	32	23	11	7
	石囲	—	—	5	—	—	—	—	1	22	49	—	—	1
	埋甕	—	—	—	—	—	—	1	1	14	3	—	—	2
	石埋	—	—	—	—	—	—	—	—	3	—	—	—	—
建拡貯二埋張	替	—	—	—	—	3	10	—	1	—	2	—	—	—
	張	—	—	—	—	1	3	—	3	2	8	—	—	1
	穴	2	—	15	1	9	44	10	10	17	30	—	1	—
	段式	—	—	—	—	—	49	1	2	25	4	—	—	—
	甕	—	—	—	—	—	—	—	—	5	2	—	—	—
	出し	8	3	16	—	—	—	—	—	—	—	—	—	—

竪穴周壁部の小ピットは垂木尻痕跡と考えられるが, 小型住居址には痕跡を残さないものが多く, ピット間隔も関東地方の密な配置に較べて疎配置で, 間隔の一定しないものが多い。ピットは壁に沿う例のほか, 壁の途中, 竪穴周辺の例も認められ (口絵参照), 垂木尻の位置に関わらず屋根は土葺きであったと推定される。

炉は, 早期末葉に石囲炉が出現する他は地床炉である。早期住居址の約40%に炉があり, 関東地方よりも屋内炉の普及は早い。

竪穴壁外に小張出しを設けてステップをつくり, 出入口とする例が深い (50~100cm) 竪穴住居址にあり, 少ないが壁内に張出しステップをつくる例もある。早期末葉には張出しの出が浅く, 幅は広くなって竪穴床面と張出し床面を同一面とする例が現われる。

前期の竪穴住居 前期の時期別は, 春日町式, 東釧路V式, 円筒下層 a・b 式, 綱文式, 椴川式を前葉から中葉, 円筒下層 d 式, サイベ沢Ⅱ・Ⅲ式, 植苗式

関東地方では前期・中期にもみられないほどの大型住居が, 北海道では早期前葉に出現している。また, 主柱についても, 脚柱式と並行して, 主柱1・2・4本が早くから成立しており, 竪穴住居の先進地域といえよう。

を後葉に分類した。

前期前~中葉にかけて, 20m² 以下の小型住居が90%以上を占め, 他は 20m² 台の9棟のほか, 大型住居—東釧路第 3-120 号住居 (75.4m², 主柱8本) が突出した規模をもつ。

主柱配置については，春日町式期の住居址は主柱なしで，東釧路Ⅴ期に主柱5・6・8本例が現われ，円筒下層式期には，主柱1・2・4本が主流となる。主柱5本以上の例が出現する点で早期より発展が認められるが，規模や主柱配置の一般的な傾向としては早期と大きく変るところはない。

　前期後葉に入ると，前・中葉とは逆に小型が減少し，中・大型の住居が急増して主流となり遺構数も増える。それにつれ，小型住居に多い主柱1・2本が姿を消し，主柱4・6本が主流となる。主柱4本型の長軸線上壁際に補助柱1本を加えたいわゆる日ノ浜型主柱5本は，構造的には主柱4本に属すべきものであろう。

表2　前期後葉の床面積・主柱本数別棟数

床面積＼主柱本数	4本	5本	6本
10 m²	3	—	—
20	7	1	—
30	16	—	1
40	10	4	5
50	4	1	7
60	3	—	6
70	3	—	8
80以上	2	—	4
	—	—	1

　表2の床面積別の主柱4・5・6本の棟数をみると，主柱4本型は20m²以下の小型は早期以来の伝統を引くもので，20m²以上では40m²以下に集中する。主柱6本は30m²以上に多いが，主柱4本例も主柱6本例の約半数の割合で存在して，必ずしも住居面積と主柱本数は比例しているとはいえない。

　主柱6本の柱配置は長方形または中央2本を梁行に拡げた六角形の配置をもち，関東地方の黒浜・諸磯式期と同形式である。円筒下層a期の西桔梗E1号住居の平面台形，主柱6本の形式は関東地方関山期と，東釧路Ⅴ式期の東釧路第三1号住居は黒浜式期と同形式であるから，前期前葉には関東地方と北海道とは相互の関連性が認められ，前期後葉になって関東地方と軌を一にしたと考えられる。

　規模の点からみると，前期後葉の40m²以上の住居は，関東地方5.3%に対して，北海道では35.8%，平均面積では前者の20m²前後に対して，後者では35.4m²もあり，北海道の縄文時代全期を通してみてもとび抜けて大型住居の比率が高い。

　屋内施設には，炉，センターピット，二段式がある。二段式床面は主として前期後葉の主柱4〜6本例に現われる。これは主柱と壁の間を内部床面より一段高くしており，年代は降るが西日本の弥生時代〜古墳時代，関東地方の古墳時代後期のベッド状遺構に継承されるものであろう。

　センターピットは竪穴床面の長軸線上中央に炉と並ぶ浅いピットをいう。前期以外の時期には壁寄りに設けられ，その機能は明らかではないが，貯蔵穴と一般的に呼称されるものの範疇に入れておく。

　中期の竪穴住居　中期の時期区分は古武井式，円筒上層式を前葉，サイベ沢Ⅵ・Ⅶ式，天神山式，トコロ6類式を中葉，北筒式，榎林式，見晴町式を後葉，柏木川式，ノダップⅡ式，余市式を末葉に分類した。

　前期後葉に盛行した中・大型住居は中期に入ると再び減少し，小型住居が増え，中期前〜中葉には遺構数も激減する。

　構造的には前期後葉以降，基本的な変化はなく，小型住居が増えたために無主柱や主柱2本が復活する。前期からの変化としては，主柱6本形式を桁行方向に主柱2本1対，2対，3対を加えて拡大して主柱8・10・12本とする大型住居が現われる。

　中期後葉から末葉にかけては，小型住居はさらに増えて75%を占めるが，遺構数からみると，前期後葉をはるかに凌駕して北海道縄文時代を通して最も検出数が多く，約37%がこの時期に集中している。主柱配置は，小型住居が多いため，無主柱が約半数の53%を占め，他は主柱2・4・6本が中期前〜中葉から引き続き，北筒式期の住居では主柱2・4本が主流で壁ピットを密に配置するのが特徴的である。

　中期後葉期最大の住居址は千歳市末広Ⅱ―10号住居（137.6m²）で，主柱6本型の長軸線上両端に1本ずつ加えた計8本の六角形配置をとる。前期から中期前葉の特大型住居にみられる桁行を延長拡大する方法と異なり梁間を拡げている。

　中期末葉の住居形式は，前代までと傾向を異にして，平面形は上記の末広Ⅱ―10号址の八角形長軸線上の一辺を鈍角または直線に，他端を鋭角にした特異な平面形をもち，主柱4〜11本が壁寄りに立つ。長軸線上の鋭角寄りに方形の石囲炉と，鋭角端部に貯蔵穴様ピットをもつ。

　中期末葉の特大型住居は苫小牧市美沢1―F7号住居（133.5m²）で，末広Ⅱ―10号址よりもやや

小さいが主柱本数を13本に増やし、さらに14本，15本と拡大建替えを行なっている。平面形式は他と異なって楕円形に近い長方形をもつが，柱数を増やして柱間隔を狭くする点でこの時期の一般的な特徴を示しているといえよう。

中期後〜末葉には小型住居の多い割には炉なしが約27％と少なく，地床炉37％，石囲炉25％，土器埋設炉ほか7％の割合で，石囲炉や土器埋設炉がこの時期に急増している。とくに末葉期の石囲炉の増加は著しい。

後期の竪穴住居 後期前葉の住居は報告例が極めて少ないので除き，手稲式，ホッケマ式，エリモB式期を中葉，堂林式，十腰内Ⅳ式，御殿山式期を末葉に分類した。

後期に入ると，中期後〜末期の激増に比べて竪穴住居遺構は極端に減少する。住居規模の点でも退化して20m²以下が約8割を占め，50m²以上の大型住居はない。

柱配置は小型住居の無主柱（77％）を除いて，主柱2本が主流で，主柱4本，1本がこれに次ぐ。床面周壁部に垂木尻痕跡の巡るものが多く，炉も地床炉のみになって，住居の形態は早期の様相と変らなくなる。

関東地方では遺構数こそ北海道と同様に減少傾向を示すが，規模の点では時代が降るほど大型化し，また，中期末葉には壁主柱が成立して後期に受け継がれる。北海道では，後期末葉の新形式が後期に全く受けつがれないなど，両地方は著しい相異を示す。

晩期の竪穴住居 晩期は遺構数が少ないので，上ノ国式，前北式，大洞$C_1・C_2$式，タンネトウL式期を一括して扱った。

小型住居が減って中型規模が多い傾向を示すのは，関東地方での中・大型住居の盛行と関連するのであろうか。主柱は1本，4本が各1例で，他はすべて無主柱で，垂木尻痕跡を残すものも少ない。

女満別市昭和B遺跡の住居は平面楕円形，主柱4本を長方形に配り，中央部東壁寄りに補助柱1本をもつ。補助柱を除けば関東地方の弥生時代中期住居と同形式である。晩期後葉の関東地方に同形式が成立するのと関連すると思われるが，北海道では，晩期終末になると続縄文時代特有の形式である張出し付きが現われる（根室市トーサムポロ4号，常呂町栄浦第2-1号住居）。

平和B住居でとくに注目すべきは，石囲炉の他に竈をもつことである。竈は炉に代って古墳時代に全国的に流布するが，この住居の場合は，壁からやや離れて径40cm，高さ20cm，上・側面に径15cmほどの穴をあけた円形平面の竈で，古墳時代の竈とは異なって壁にとり付かず独立している。この竈が自然発生的に現われたものか，外部からの移入によるものかわからないが，以降の時代に独自の歩みを続ける北方文化を考える上で興味深い遺構である。

2 住居の変遷

住居の平面形 関東地方竪穴住居の平面形式の変遷は，小型住居については不整形や円形・方形が全期を通して存在するが，主流については，方形（早期）→台形・長方形（前期）→多角形・楕円形（中期）→円形（後期）→方形（晩期）と変化し，時期ごとの特徴がはっきり現われている。

北海道では，小型住居については関東地方と同様であるが，主流の変化は方形・多角形・円形→方形・六角形・楕円形→円形の三段階で，第1段階は早期から前期中葉，第2段階は前期後葉から中期，第3段階は後・晩期にあてることができる。全般的には円形・多角形が全時代を通してあり，時期ごとの差は関東地方ほどには顕著にあらわれていないといえる。しかし，ここでは道内での地域差を無視して全体的にまとめてみたために，大まかな結果しか得られなかったが，地域差を詳細に検討して，さらに細分する必要がある。

関東地方と比較して平面形の変化で注目される点は，前期後葉期の六角形平面の成立であろう。関東地方では前期前葉黒浜式期に成立した主柱6本，長方形平面は後葉期にそのまま引き継がれ，前期末に多角形平面に移行するが，これに対して，北海道の主柱6本・六角形平面の成立を先行型とみるべきかどうか。

住居の規模 縄文時代全期を通した住居平均面積は，関東地方19.3m²に対して，北海道18.8m²で，両地方にそれほど大きな開きはないが，住居規模別に比較すると両者の違いがはっきりあらわれる。

表3によると，20m²以下の小型住居は，関東地方60.7％，北海道67.2％で北海道の方がやや多い程度であるが，10m²以下の極小型では北海道の方がはるかに多い。

大型住居については，90 m² 以上の特大型が，関東地方では後期後半以後に多く現われるのに対して，北海道では前期後葉から中期に集中し，早期の段階ですでに 50 m² を越える大型住居が出現しているなど，大型住居に関しては，少なくとも中期までは北海道の方が先行しているといえる。

表 3　規模別住居棟数比

	関東	北海道
10 m²	11.7%	36.2%
20	49.0	31.0
30	28.6	15.0
40	6.8	7.8
50以上	2.1	3.5
	1.6	6.5

規模別の分布では，関東地方は 20 m² 前後から 30 m² までに集中し，北海道では極小型から特大型までピラミッド型の分布を示し，大小の格差は大きいといえ，集落形態の差を反映しているものと思われる。

主柱本数　主柱の数は住居規模に比例するのが通例であるから，小型住居の多い北海道で無主柱が約半数を占めるのは当然の傾向である。無主柱を除けば，関東，北海道とも主柱 4 本が最も多く，20～30 m² 規模の小・中型規模の住居を中心に分布している。

表 4　主柱本数別棟数比

主柱本数	関東	北海道
0本	14.2%	49.1%
1	2.4	4.0
2	9.4	8.1
3	1.2	0.5
4	27.9	18.1
5	13.7	1.8
6	13.1	8.4
7	1.6	0.1
8以上	0.6	2.7
不明	15.9	7.2

関東地方では主柱 5～6 本は中型規模に，7 本以上は数少ない大型に用い，規模別棟数比に比例した分布を示している。これに対して，北海道では奇数主柱が少なく偶数主柱が主流を占めていることがこの表から明らかであろう。

主柱の採用は北海道の方が早く，早期前葉に主柱 1・2・4 本の構造が確立して，大型住居を建設するほどに進歩しているのに対して，関東地方の主柱の採用は早期末以降であり，住居の発展は，規模や構造からみて北海道主導で始まったと思われる。

屋内施設　炉，貯蔵穴様ピット，周溝，二段式床面，埋甕，張出し出入口があり，それぞれ，各時期の竪穴住居の特徴としてすでに記したものもあり，ここでは炉と周溝について取り上げることにする。

炉の形式別の変遷については表 1 の形式別棟数をみれば明らかで，各期の関東地方との差は既述のとおりである。ここでは，縄文時代全期を通した全般的な傾向について，関東地方と比較しよう。両地方で最も顕著な差は炉をもたない住居で，関東地方では比較的少ないが，北海道では 40.7% と

表 5　炉形式別棟数比

炉形式	関東	北海道
炉なし	14.4	40.7
地床	44.5	35.5
石囲	14.5	10.4
埋甕	13.2	2.7
石囲・埋甕	3.2	0.4
土器囲	1.6	0.0
不明	8.6	10.3

非常に高率であり，地床炉についても，早期～中期の炉は焼面や炭化物堆積程度のものも地床炉に含めてあり，床面を掘り込んで固定した炉に限ると，北海道の炉保有率は半数を割るのは確実である。

次に，両地方の差が大きく認められるのは石囲炉と土器埋設炉（埋甕炉）の分布である。両形式とも中期に盛行するのは共通するが，両形式の始まりを異にしている。

石囲炉は，北海道で早期末に現われ中期末葉に最盛期を迎え，後期以降に衰退するのに対して，関東地方では中期に始まり中期中葉に最盛期を迎え，後期に衰退する。

土器埋設炉は，北海道では中期と晩期のみで，遺構数も少ないが，関東地方では早期後葉期に現われ，前期末以後に増加し，後期に衰退する。その他，石囲埋甕炉，土器片囲炉とも，関東地方では中期のみに存在するが，北海道では同期に数例あるのみである。

このように，石囲炉と土器埋設炉の始まりは両者で異なる傾向をみせ，中期において炉形式の各種が揃う点で両地方に共通する。早・前期における住居の平面形や構造形式などの両地方の技術的交流の段階から，中期には炉の形式や分布を共有して，生活様式や社会形態にまで影響し合う段階にまで進んだとみることも可能であろうか。

周溝について，関東地方では縄文時代前期と中期の盛期，とくに中期の勝坂，加曽利 E I・II 期に急増し，時期の変り目には減退することから気候の寒暖，雨量の多寡に影響されたものとみたが，北海道では，中期に集中する。しかも，中期における周溝をもつ住居の割合は，関東地方 41.5%，北海道 21.7% で，北海道は関東地方の約半数にすぎない。

縄文時代中期における関東，北海道両地方の類似性は周溝保有の面でも認められるが，保有率の

北海道縄文時代竪穴住居変遷図

違いは，やはり，気候の差を表わすものとみてよいであろう。

焼土遺構 北海道特有の遺構として焼土遺構があげられる。文字通りの炉址であり，竪穴住居外にあるのでこのような名称を付けられたが，屋内での地床炉に対して屋外炉と呼ぶ方がふさわしい。屋外炉には焼土遺構の他に石囲炉も若干含まれるが，例は少ない。

筆者は別稿で焼土遺構や焼けた自然礫の存在，竪穴住居址内外の土器のあり方から，縄文時代は屋外調理を主としていたこと，さらに，竪穴住居以外に，地上に痕跡として残さない平地式住居の存在を論証した（「古代の住居と集落」『講座日本技術の社会史』第7巻建築，評論社刊，昭和58年）。

いま，改めて北海道の竪穴住居内での炉の保有率の少なさを考え合わせると，屋外炉としての焼土遺構の役割が明確になり，また，焼土遺構は各時期を通して存在するが，とくに後期から晩期にかけて群集する遺構が多いことと，この時期の竪穴住居の減少と，反比例していることから，平地式住居と屋外炉の組合せがこの時期の主流を占めていたことを窺わせる。

3 おわりに

北海道の竪穴住居について，関東地方のそれと対比させながら，縄文時代における変遷と特質についてごく大まかに記してきた。この過程で最も危惧すべき点は時期区分と，異なる土器形式間の時期の比定であり，この点については土器編年研究と対比させて，さらに詳しく検討する必要性を感じる。関東地方では住居規模や棟数の変化を気候との相関性で説明できるものとしたが，北海道では関東地方とは逆に前期，中期の後～末葉に住居址が増加，集落の盛期を迎えると同時に，建築構造上の変換期でもある点で大きく異なる。さらにまた，関東地方とは，東北地方を経由しての交流関係が当然のこととして考えなければならず，今後，この面からの考究を深めれば，竪穴住居の発展と文化交流の経緯を究明できるものと思われる。

参考文献

「西桔梗」函館圏開発事業団，1974
「函館空港第四地点・中野遺跡」函館市教育委員会，1977
「権現台場遺跡発掘調査報告書」函館市教育委員会，1981
「西股」北海道第四紀研究会，1974
「札幌市文化財調査報告書Ⅰ～ⅩⅩⅡ」札幌市教育委員会，1973～1980
「有珠川2遺跡・植苗3遺跡」北海道教育委員会，1979
「大麻1遺跡・西野幌1遺跡・西野幌3遺跡・東野幌1遺跡」北海道埋蔵文化財センター，1980
「美沢川流域の遺跡群Ⅱ～Ⅳ」北海道教育委員会，1978～1980
「フレペッ遺跡群」北海道埋蔵文化財センター，1980
「苫小牧東部工業地帯埋蔵文化財発掘調査概要報告書Ⅱ・Ⅳ」苫小牧市教育委員会，1977・1980
「末広遺跡における考古学的調査（上），（下）」千歳市教育委員会，1980・1981
「ウサクマイ遺跡」千歳市教育委員会，1977
「メボシ川Ⅱ遺跡における考古学的調査」千歳市教育委員会，1983
「千歳遺跡」千歳市教育委員会，1967
「茅沼遺跡群」標茶町教育委員会，1979
「駒場7遺跡における考古学的調査」静内町教育委員会，1982
「柏木B遺跡」恵庭市教育委員会，1981
「恵庭遺跡」恵庭町教育委員会，1966
「栄浜遺跡」乙部町教育委員会，1977
「平和遺跡」浦幌町教育委員会，1971
「臼尻B遺跡」南茅部町教育委員会，1980
「ハマナス野遺跡Ⅶ～Ⅸ」南茅部町教育委員会，1981～1983
「木直C遺跡」南茅部町教育委員会，1981
「聖山」七飯町教育委員会，1979
「峠下遺跡の発掘調査」七飯町教育委員会，1979
「トコロチャシ南尾根」常呂町教育委員会，1976
「岐阜第三遺跡」東京大学文学部，1977
「オカン内・元和15遺跡」乙部町教育委員会，1980
「元和」乙部町教育委員会，1976
「森越」知内町教育委員会，1975
「八千代C遺跡」帯広市教育委員会・十勝郷土研究会，1977
「東釧路貝塚発掘調査報告書」釧路市教育委員会，1962
「釧路市東釧路第3遺跡発掘報告」釧路市立郷土博物館・釧路市埋蔵文化財調査センター，1978
「森町オニウシ遺跡」森町教育委員会，1977
「森川A遺跡」森町教育委員会，1982
「柳沢遺跡」紋別市教育委員会，1982
「トビニウス南岸遺跡」羅臼町文化財報告3，1978
「目名尻遺跡」厚沢部町教育委員会，1979
「社台1遺跡・虎杖浜4遺跡・千歳4遺跡・富岸遺跡」北海道埋蔵文化財センター調査報告第1集，1981
「札苅遺跡」木古内町教育委員会，1974
「弟子屈町矢沢遺跡調査報告」弟子屈町教育委員会，1977・1978
「北見市開成遺跡発掘調査報告書」北見市，1979
「女満別遺跡」女満別町教育委員会，1957
「常呂」東京大学文学部，1972
「シビシウスⅡ」石狩町教育委員会，1979
「真歌公園遺跡」静内町教育委員会，1979
「北海道根室の先史遺跡」根室市教育委員会，1966

狩猟・漁撈の場と遺跡

国立歴史民俗博物館
西本豊弘
(にしもと・とよひろ)

居住地と生業圏の選定は同一視して考えるべきではなく，
遺跡と遺跡の中間に生業圏の境界を常に設ける必要はない

　縄文時代の狩猟・漁撈活動がどのような場所で行なわれていたのか，また，ひとつのグループの狩猟・漁撈活動の地理的範囲がどのくらいの広さであったのかという問題は古代人の生活を考える上で興味を引くテーマである。これは，単に生業活動の研究の一環というだけではなく，「人」と動物との関係，さらには「人」と「人」との関係に触れる問題，すなわち，当時の社会全体を考える上で重要な課題のひとつであるからである。これまで，この問題については一般的な表現で，その遺跡附近の山野・河川・湖沼・海などの資源を利用していたと説明されてきた。確かに，縄文時代の生業活動を見て見ると，各地域ごとに，その遺跡の立地条件に応じて主に利用した動植物資源が異なっており，食料の獲得をどの範囲で行なっていたかを一般化して考えられない様相を示している。縄文時代の狩猟・漁撈・採集活動は，その地域ごとの資源に応じて，バラエティーが著しいということが特徴であると言える。

　このような状況からみれば，ここで考えようとする生業活動の場所の問題は，その地域ごとに，遺跡ごとに考えるべきことと言えるかもしれない。しかしながら，すでに述べたように，生業の場所の問題は「人」と「人」との関係に関わる問題であり，各遺跡ごとの個別の問題としてのみ考慮されてよいものではない。また，この問題を考えるに当っては，その遺跡の立地条件や動植物遺存体・石器・骨角器・木器など，その遺跡固有の資料からのみ考察されるべきではない。各遺跡に共通する問題点も当然あるはずである。これまで，「共同体」及び「領域」については，各遺跡に共通する問題も議論されてきたが，ここでは，生業からみた「領域」について，とくに人も動物であるということに留意しつつ，この問題について気づいた点を述べてみたいと思う。

1 生活の場所に関するこれまでの見解

　すでに述べたように，ある特定の食料をどこで得るかということは，特定のものを除けば，その遺跡附近で得たのであろうというような，一般的表現で述べざるを得ないものである。しかしながら，ここで検討しようとする生業の場所は，具体的な食料を得る一地点についてではなく，縄文人の頭の中に意識されていた面的な広がりをもつ生業の場所という意味においてである。この広がりのことを「生業圏」と仮称すると，この生業圏については，これまでに主に2つの方法を用いて議論されてきた。

　第一は，遺跡を中心に径5kmや10kmの円を描き，その円内を生業圏として，その中の食料資源を利用した場合に，出土した動物遺存体とどのような関連を示すかを考える方法である。この方法は，クラーク[1]がスター・カー遺跡で用いて以来，欧米の研究者が好んで用いる方法であり，日本でも赤沢威[2]・小宮孟[3]が利用している。その内容は，一定の環境の中での資源量を推定し，それを食料とした場合の状態を考えようというもので，近年注目されている生態学的視点を考古学に利用したものである。しかしながら，ひとつの遺跡を中心とした生業圏を広く想定すればするほど，出土遺物に対する生業圏の合理性が高まるわけで，径10kmが計算上矛盾しないとしても，現在のところ，それは単なる計算値にすぎない。今後，このような方法をどのように利用して議論を進められるかを期待したい。

　第二の方法は，遺跡の分布から「領域」を考える方法である。たとえば，ある川筋に存在する遺跡をすべて地図上に示して，遺跡の位置・時期・規模を考え合わせて，いくつかの遺跡をひとつのグループにして，そのグループごとに円を描いたり適当な境界線を想定したりして，そのグループごとの「領域」を想定するのである。資料を何らかの関係でいくつかのグループに分けるという手法は考古学で最もよく用いられる研究法であり，それを遺跡にも用いた訳であり，市原寿文[4]・向坂鋼二[5]氏らの研究が領域と生業とに触れたも

45

のとしてよく知られている。東京湾岸の貝塚遺跡についても, 堀越正行[6]・清藤一順[7]氏らが同様の操作を行なっている。その「領域」のもつ意味については, 市原氏は, グループ間の距離約 10 km はイノシシの行動範囲と一致すると述べており, その領域内ですべての生業が完結する状態を想定されているように思われる。向坂氏は, 中部地方の遺跡分布から各地域ごとに遺跡のグループ分けを行ない, そのひとつのグループは, ひとつの集団の移動した範囲と考えた。そのグループ間の距離は 3 km 程度離れている場合が多いという。

堀越・清藤氏は東京湾沿岸の大型貝塚に着目し, 大型貝塚を核として, 小貝塚・包含地などの組み合わせでひとつのグループを考えた。その領域については, 清藤氏は生業と密接した関係を持っていると述べている。堀越氏は, その領域は植物質食料の採集に関連するもので, 動物の捕獲範囲はその領域内かどうかは言えないと述べている。以上にみてきたように, それぞれの著者ごとに, その「領域」のもつ意味は若干ニュアンスが異なるが, 基本的には「領域」が生業圏を示していると考えられているように思われる。

この方法で推測された生業圏について, まず素朴な疑問は, 年間の生業活動が半径 3 km 程度の範囲内でのみ行なわれたのであろうか, 狭すぎるのではなかろうかということである。たとえば, 1 カ所に住んでいて, ある程度の年月にわたって狩猟・漁撈・採集生活を行なう場合に, 半径 3 km の範囲内の動植物の利用で十分な食料を得られるとは考えられないのである。もちろん, シカやイノシシは生業圏外から次々と供給されるかもしれない。しかし, 領域内に獲物が少なくなれば, 獲物が入ってくるのを待つよりは, 獲物を探しに行くというのが常態であろう。また, 海岸部に住んでいて, 海の幸を生活の糧とした場合, 定期的に大量捕獲が可能な魚種が存在し, それを漁る技術があれば, 狭い範囲でも生活は不可能ではないであろう。しかし, 東京湾周辺の遺跡でみられるような, タイ類やスズキ類の利用では, 海の資源のみの食料で周年生活を行なうことはかなり困難ではなかろうか。貝塚の中にはシカやイノシシなどの獣骨も含まれており, 縄文時代には海の幸だけの生活はあり得ないと考えてよいであろう。そうだとすれば, 径 3 km 程度の生業圏で十分かどうかは大いに疑問である。なぜならば, シカ・イノシシの行動範囲についての信頼できるデータはないが, それが半径 3 km 以内であるとは考えられないからである。また, 半径 3 km 程度の範囲内ならば, おそらく縄文人は何頭のシカやイノシシが, 雄・雌や年齢の区分を含めて, どこに生息しているか知っていただろう。その頭数は具体的には言えないが, 何年にもわたって食料と出来るほど多いとは思えないのである。それでは, 遺跡や遺物から生業圏をどのように考えたらよいのであろうか。その例を千歳市と苫小牧市にまたがる美沢川遺跡群を例に考えてみようと思う。

2 美沢川流域の遺跡群と生業活動

美沢川流域の遺跡群[8]は, 新千歳空港建設用地内にあり, 昭和 51 年から発掘調査が行なわれている。この地域は厚く火山灰に覆われた上に原生林があり, 空港建設のための発掘が行なわれるまでは遺跡の存在が知られていなかった地域である。美沢川は豊富な勇水を水源とする川で, 用地内の美沢川の左右両岸のほぼ全域に遺跡が存在していた。縄文時代早期以降晩期に至るまで利用され, 竪穴住居址・墓・落し穴（いわゆるＴピット）などを伴う遺跡群であった。遺構・遺物の濃淡により左岸は美々 4～7 遺跡, 右岸は美沢 1～3 遺跡と命名された。また, この美沢川から南へ約 1 km のところでは美沢 4, 5 遺跡[9]が発見された。注目されることは, この両遺跡ともにキャンプ・サイト的遺跡であり, このタイプの遺跡が全面発掘により確認されたことである。そして, 美沢 4 遺跡では貝塚を伴っていたために, 生業活動についてもその一端をうかがうことが出来たことは好都合であった。そこで, ここでは, 美沢 4 遺跡と美沢川流域の遺跡群との関係, 及び美沢川流域群の中での遺跡利用の変化などを中心に, 生業活動の場所について考えてみようと思う。

美沢 4 遺跡は, かつて美々川に注いでいた支流に面する標高 23 m 前後の舌状台地上にある。美々川はウトナイ湖を経て太平洋に注ぐが, 縄文時代前期にはウトナイ湖附近まで海水が入り, 入江を形成したと思われる。美沢 4 遺跡には台地上と斜面にヤマトシジミを主体とする前期の貝塚が 2 カ所に形成されている。前期の住居址は台地上と斜面に 1 軒ずつ貝塚と距離を置いて発見されている。その他に, 小竪穴 11 が斜面に, またＴピッ

美沢4遺跡斜面の貝塚　背景はフレベツ湿原
（北海道埋蔵文化財センター提供）

ト14が台地上に発見された。

　貝塚はすべて採集されたが，計画的に定められた地点で採集された柱状サンプルと，小グリッド単位で発掘時点で採集された動物遺存体が分析された。斜面の第1貝塚は面積約98.9 m²，推定体積約30 m³，台地上の第2貝塚は面積約65.1 m²，推定体積約19 m³であった。貝層は一見したところ，ヤマトシジミの純貝層であったが，柱状サンプルを分析するとニシン，ウグイ類の小さな魚骨が多く含まれていることがわかった。鳥骨はごく少量で，哺乳類もエゾシカ・トド・イヌなどがみられたが少量であった。この貝塚の動物遺存体の中で注目すべきことは，ガンギエイ科のエイ類の椎骨や歯が多く出土したことである。そして，種不明の小魚の椎骨が多いことから考えて，おそらく内湾の浅場を囲って，その内にいる底性のエイ類やカレイ類・小魚を一括して漁る漁法が行なわれたと推測された。また，中型魚としてはスズキとメナダが多いが，スズキは椎骨がほとんど出土せず頭部の骨が多いことから，頭を落として胴体のみを別の地点に運んだのではないかと考えられた。そして，動物の回遊性から推測して，当遺跡での生業活動は春から秋にかけてが主体であろうと推測された。人工遺物は，土器片は発掘面積の割には少ない。石器は石鏃もかなり出土しているが，石錘が多いことが特徴であり，骨角器は計6点出土しただけである。

　美沢5遺跡は，美沢4遺跡から小支谷をへだてて南西へ約200 m離れた舌状台地上にある。美沢4遺跡と同様に前期の土器が主体であるが，美沢4遺跡の土器が斜行縄文が多いのに対して，美沢5遺跡では羽条縄文が多い。石器では石錐が美沢4遺跡よりも多いことが特徴である。遺構はTピット20などが発見されているだけである。

　この二つの遺跡では，竪穴住居址と考えてもよい遺構は2軒しかなく，また，土器が少ないことや動物遺存体の内容から，定住的な居住地ではなく，一時的なキャンプ地的性格の遺跡と考えられた。そして，この遺跡の母村的役割を持つのが，現在のところ，美沢川流域にあったのではなかろうかと推測される。

　美沢川流域の遺跡群をみてみると，土器は早期から晩期まで出土しているが，すべての時期に，同様の性格を持つ生活が営まれた訳ではない。発掘面積が広いことと遺構・遺物の量が厖大なために各時期ごとの性格を十分に把握することは困難である。そこで，竪穴の数と遺物の分布域を中心にして，越田賢一郎氏[10]の教示により，各時期ごとの遺跡利用の変化をみてみよう。まず早期はじめは遺物が少量出土するだけである。早期中頃から前期前半は遺物が遺跡群全域に分布し，とくに台地上に多いのが特徴である。また竪穴住居址も斜面から低位段丘上面にかけて多くみられる。前期末から中期を経て後期はじめにかけての時期は，遺構・遺物が少なくなるが，長径16 mを越す大型住居址が現われる。そして，この時期にはTピットが盛んに利用されることが特徴である。後期中頃から晩期のはじめは，低位段丘面で遺物が極めて多量に出土することと，台地上に周堤墓が設けられる時期である。焼土や焼骨が多い割には竪穴住居址はごく少ない。晩期中葉以降は遺構と遺物ともに減少する。

　さて，美沢4，5遺跡と美沢川流域群との関係であるが，美沢4，5遺跡ともに前期中頃の静内中野式系土器を90%以上出土する遺跡であり，美沢川流域の遺跡群の中で遺構と遺物が広範囲に多量に分布した時期に相当する。また，この時期には美沢川遺跡群より北東約1.5 kmのところに美々貝塚[11]も形成されている。美々貝塚もヤマトシジミを主体とする貝塚であり，竪穴住居址は発見されていない。土器片をはじめとする人工遺物も少なく，動物遺存体の内容も美沢4遺跡とよく似ており，美沢4遺跡と同様のキャンプ・サイト

47

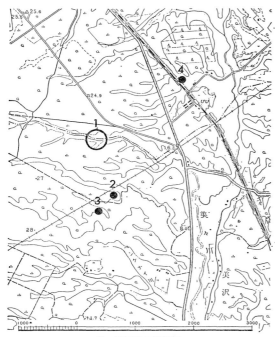

美々川流域の遺跡群
1 美沢川流域遺跡群　2 美沢4遺跡
3 美沢5遺跡　4 美々貝塚

的な遺跡と推測される。このように，前期中頃には竪穴住居址を伴い川筋に立地する居住地と，竪穴住居址をほとんど伴わない舌状台地上の場所が利用されていた訳で，後者には貝塚が形成され，前者には貝塚を伴っていないのである。

さて，前者と後者の間の距離は美沢4，美々貝塚のいずれも約1〜1.5kmである。そこで，冬期に美沢川流域の竪穴住居で暮した縄文人が，春から秋にかけての間に，約1km離れた美々貝塚や美沢4遺跡に移住したであろうか。美々貝塚や美沢4遺跡の性格を，土器片が少量であることや美沢4遺跡では焼けた石や土器の小破片が多いことから考えると，美々貝塚や美沢4遺跡は主に貝の処理場（土器による貝の煮沸など）であったのではなかろうか。そして，その場合には，さらに想像をたくましくすれば，1km程度離れた場所へ水質のよい美沢川流域から移住するとは考え難いのである。むしろ，美沢川流域で居住しつつ他の場所で生業活動を行ない，その獲物を美沢川流域に持ち帰ることが日課のひとつとなった生活が行なわれていたと想像されるのである。

3　人間の居住地と落し穴の関係

さて，美沢川流域の遺跡群での生業の場を考える時，もうひとつ注目すべきことがある。それは，Tピットと呼ばれている落し穴についての問題である。Tピットの分布をみてみると，早期から前期にかけて遺物分布のみられた地域とほぼ一致している。そして，Tピットの場合には遺物の出土が少ないので時期決定が困難であるが，この遺跡群のTピットは中期のみに設けられたという。すなわち，早期から前期までに人間の活動が行なわれた後に，そこがエゾシカを対象とした落し穴猟の行なわれる狩猟場として利用されたと考えられる。

この遺跡群でTピットが遺物・遺構の多い地域から発見されたことは偶然とは考えられない。むしろ筆者にはエゾシカの生態を考えると，Tピットの配置が人間の生活の跡にあることは納得できることである。なぜならば，早期から前期にかけて人間が居住した地域は，おそらくその当時には，木が伐採されて，ある程度の空間が形成されていたはずである。そして，その場所が放棄された後は，下草の繁茂する日当のよい疎林になっていたと思われる。そういう場所が原生林の中にあるとすれば，そこはエゾシカにとって好都合な場所となる。そして，エゾシカが多く生息する場所には人間が落し穴を設けることになるのである[12]。

日本の縄文時代に主に狩猟の対象となったシカやイノシシは，人里離れた山奥に生息するものというイメージを持っている人が多いかもしれない。しかし彼らは現在でも人里近くに生息しており，生息適地は，日当りがよくて見通しのよい疎林であり，また湧水や清流を好む。シカ道やイノシシ道は，平坦地が丘に移行する斜面の下端や台地の縁辺を通ることが多い。これらの地域は，彼らだけではなく人間にとっても棲みよい場所である。したがって，人間が居住した後の開地は，彼らにとっては好適地となるのである。そういう意味では，縄文時代の人間活動は，縄文人が無意識のうちに原生林を切り開くことで，野生動物の生息地を作り出している側面があるように思われる。落し穴と考えられるTピットが遺物散布地や竪穴住居址などと切りあって設けられていることはよく知られているが，この現象のひとつの解釈として，筆者は以上のように解釈しているのである。このことは，ひとつの地点に，たとえば早期，中期，晩期というように遺物や遺構が発見さ

れる場合に，その遺跡の利用を解釈する視点のひとつにもなり得るであろう。すなわち，一度人間が木を切り開いた地点は，原生林の中での疎林地となり，また湧水や小川の近くという条件があれば，後世の人々にとっても居住のための好適地となるはずである。このような自然環境的状況が縄文時代人の居住地の選定に大きな影響を持っていたと思われるのである。

4　おわりに

　美沢川流域の遺跡群を例にとって縄文時代の生業の場所の問題を考えてきたが，これまでに気づいた点を述べて終わりにしたいと思う。まず，居住地と生業圏の関係であるが，生業圏と居住地の選定とは同一視して考えるべきではないことである。これは堀越氏もすでに明確に述べられていることであり，氏によれば「集落が生活拠点であり，行動の帰結点であるという認識に基づけば，集落の範囲は日常的な集落生活に要した範囲ということになり，これを居住領域と換言するならば，資源としての動植物質食料や原材料の獲得領域は生活領域ということになる」[13]と区別されている。堀越氏は，居住領域の選定は水場などの地理的条件による影響が大きいと考えられているが，東京湾の貝塚群の立地の解釈のためには地理的条件では解釈できない状況を示していると指摘された訳である。筆者も「居住領域」の選定には水場などの地理的条件が最も優先した条件であると考える。そして，その居住地は生業圏の中心にある必要はなく，様々な生業活動の交点としての役割を持てばよいのである。また，その生業圏は，他の集落の生業圏と重複してもよいのではなかろうか。このように考えれば，遺跡と遺跡の中間に生業圏の境界を常に設ける必要はなくなる。むしろ，美沢川流域群と美沢4，5遺跡や美々貝塚との関係で考えたように，その遺跡の性格，つまり遺跡がどのように利用されていたかを明らかにすることが必要であり，その上で遺跡間の関係を考える必要があるのではなかろうか。遺跡の性格については，母村的集落とキャンプ地的遺跡の区分があったであろうことは一般的には言われてきたが，具体的事例を検討した例はほとんどないであろう。単に馬蹄形貝塚や地点貝塚・遺物散布地の区分だけではなく，遺物散布地が実際に馬蹄形貝塚とセットになるのかどうかの検証が必要である。そして，大貝塚であっても時期ごとにその利用の仕方は変化しているのであり[14]，結果としての大きさだけを根拠とした議論は危険であると言わねばなるまい。

　以上，生業の場の問題について，自然と人間との関係を中心に考えてきた。しかし，この問題は，どのような人間構成で狩猟が行なわれたのかという人と人との関係にも関連しており，自然的条件のみでは解釈できないものである。社会関係が狩猟・漁撈活動にどのような制約または発展性を与えたかは重要な問題であり，稿を改めて考えてみたいと思う。

　なお，本論をまとめるにあたり，北海道教育委員会文化課越田賢一郎氏，北海道埋蔵文化財センター長沼孝氏に多くの教示を得た。末筆ながら深く感謝の意を表する次第である。

註
1) Clark, J. G. D., Star Carr : a Case Study in Bioarchaeology. Module 10, 1972
2) Akazawa, T., Fishing Adaptation of Prehistoric Hunter-gatherer at Nittano Site, Japan. Journal of Archaeological Science. Vol.7, 1980
3) 赤沢　威・小宮　孟『冬木貝塚産魚種組成と漁撈活動』茨城県教育財団，1981
4) 市原寿文「縄文時代の共同体をめぐって」考古学研究，6—1, 1959
5) 向坂綱二「原始時代郷土の生活圏」古島ほか編『郷土史研究と考古学―郷土史研究講座一』所収，朝倉書店，1970
6) 堀越正行「縄文時代の集落と共同組織」駿台史学，31, 1972
7) 清藤一順「縄文時代集落の成立と展開」研究紀要，2, 千葉県文化財センター，1977
8) 北海道埋蔵文化財センター編『美沢川流域の遺跡群』1982
9) 木村尚俊ほか『フレペツ遺跡群』北海道埋蔵文化財センター，1980
10) 高橋稀一・越田賢一郎「美沢川流域の遺跡群」北海道の研究，1, 清文堂，印刷中
11) 佐藤一夫・大谷敏三ほか『美々貝塚』北海道千歳市教育委員会，1976
12) 西本豊弘・梶　光一・上野秀一「人とエゾシカ」アニマ，121, 1983
13) 註6)に同じ
14) 住居址の数の時期的変化などから一般的に言われているが，動物遺存体の分析から具体的に論じた例としては林謙作による貝の花貝塚の検討がある。林謙作「貝の花貝塚のシカ・イノシシ遺体」北方文化研究，13, 1980

特集 ● 縄文人のムラとくらし

縄文集落の周辺

縄文時代の前後の時代，あるいは隣接地域の集落のすがたを描くことによって縄文集落の特性がうかびあがってこないだろうか

旧石器時代の集落／弥生時代の集落／中国新石器時代の集落／朝鮮半島先史時代の集落／北米大陸北西沿岸インディアンの集落／東南アジア焼畑農耕民の集落

旧石器時代の集落

新潟大学助教授
小野　昭
（おの・あきら）

旧石器時代の集落構成はその終末に解体されたとみるべきで，縄文集落の成立はこうしたものの再編と考えられる

1　集落研究の問題状況

a．人類が地上で活動するかぎり大地には何らかの生活の痕跡が残されているのが通例である。それは人類史の最古の段階をしめる旧石器時代についても例外ではない。ここでは縄文時代に先行する文化の諸段階のうち後期旧石器時代をとりあげ，当時の集落の現象を検討してみよう。

考古学の方法は残存する"物"から出発する。この点からすると旧石器時代はもともと生活資料の種類・量ともに少なく，長い時間の経過によって大部分の資料が腐蝕し消失している。さらに日本の場合には岩手県花泉や長野県野尻湖底など，ごくまれな例を除けば土壌条件によって骨器や木器などの有機質資料は残っていない。そのため，われわれは残存する資料の少なさの点ではいっそうのむつかしさをかかえているといえよう。こうした条件を前提として，旧石器時代の集落について何がどこまで明らかにされているのかをはじめにみておこう。

1950年代の末に刊行された東京都茂呂遺跡と新潟県神山遺跡の報告[1]には遺跡における遺物のありかたが端緒的ではあるが問題とされ，遺物の集中分布，器種，石材などの相互関係に注意がはらわれている。石器の分布状態から住居の単位の問題に接近しようとしていたことは，後の集落論へ継続される芽がすでにこの段階であったことになる。しかしこれが本格的に展開するまでにはなお10年の日子を必要とした。石器の大づかみな全国編年網を整備するという現象論的な段階の研究状況からすれば，集落の問題は研究の発展の論理からして後発的に問題となる事がらであったし，その間には石器の地域差の追究および一つの石器群全体を構造的に把握するという問題意識の段階を通過しなければならなかった。

個体別の接合資料の精緻な分析にもとづいて遺跡の構造を立体的に解明しようとした砂川遺跡の報告[2]を起点として，その後同様の問題意識と方法，そしてさらに広い面積を発掘するという条件がつけ加わって60年代末から70年代前半にかけて後期旧石器時代の集落研究のための基礎的事実が，東京都野川遺跡群[3]，鈴木遺跡[4]，神奈川県月見野遺跡群[5]，千葉県木刈峠遺跡[6]などで蓄積されていった。これらは既成の編年の新たな再編をともなって進行した点が特徴的である。

こうしたなかで1970年代の中ごろには当時の集落あるいは集団構成に関する見解の提示がおこなわれた。第一は近藤義郎氏の見解である。すなわち日常的採捕の居住単位としての単位集団が，当時の社会の事実上の単位である集団群の危険の

50

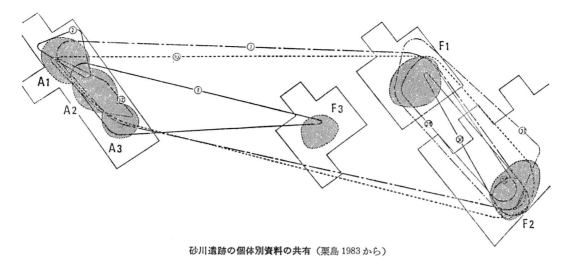

砂川遺跡の個体別資料の共有（栗島 1983 から）

分散形態として存在し，共同狩猟の際に集団群として随時結集する。こうして，血縁的一団居住性，小規模性，ひんばんな移動性が抽出される[7]。

第二は春成秀爾氏によるもので，当時の集団を大形動物の移動を契機としておこなわれる季節的な離合集散状態を考え，遺跡の大小も集団の離合集散と対応させる。分散期間中は居住単位集団としての世帯がその単位で，集合時は単位集団群（世帯群）としての合同世帯が単位となって，集団領域の所有も同じく合同世帯である。そして単位集団群の上にもう一つ上位組織の存在を想定する[8]。

第三は筆者が提出したもので，いくつかのブロックで想定される数棟の住居を世帯と理解し，問題の単純化のために遺跡分布から一台地一氏族を考え，その上位組織として例えばナイフ形石器の地域差でしめされる範囲を部族の活動の最大範囲と考える。そして世帯と氏族の間に世帯共同体を措定し，複数世帯がそのまま氏族となるのではなく氏族は世帯共同体群としてあらわれるものとする。つまり狩猟対象の大・小や，大量・小量に規定されて世帯に分解したり結合したりする状態を想定せず，比較的安定的に世帯共同体をとらえる[9]。

これらは資料限界あるいは実証の範囲をこえて仮説的に構成された部分も少なくないが，その後ただちに稲田孝司氏によってとくに当時の集団の規模に関して，春成説，小野説に批判が加えられた[10]。砂川遺跡A・F両地点間の石器の接合関係の詳細な検討によって，接合関係の成立即同時存在という仮定をくつがえし，同一個体の剥離の順序を分布関係におきかえてFからA地点への石器

製作の時間的流れを抽出した。結論として同一人間集団がF地点を去って，途中2か所ほどの地を経て再びA地点にもどったという理解をしめした。つまりF地点に残していった剥片とA地点にもどってきて剥離した剥片とが結果として接合したものと考えるのである（図参照）。後期旧石器段階の集団の小規模性とひんばんな移動性をあらためて強調したのである。

70年代後半以降は後期旧石器時代の社会構成を一般的に問題にするものは後へしりぞき，一水系単位をとりあげて集落の規模を重層的に理解しようとするもの[11]や，個別の遺跡に即していっそうミクロに集落研究の方法のための様ざまな試みがおこなわれるようになっていったといえるであろう。先述の遺跡例に加えて，静岡県寺谷遺跡[12]，富山県野沢遺跡[13]，東京都多聞寺前遺跡[14]ほかを数えることができる。

最近の特徴を二つだけあげるとすれば，第一に，集落の構造を実証的に解明するために個体別接合資料および礫群の分析の精緻化とともに，生のデータと歴史的再構成の間に，中間項として遺跡自体や個体別資料の類型化がおこなわれだしたことであろう。例えば寺谷遺跡のように「世帯ユニット」内で石器の接合関係が収束するありかたをしめす集落を「並行型集落」，野沢遺跡のように「世帯ユニット」区分の単位をこえてひんばんに接合関係が成立するありかたをしめす集落を「交叉型集落」とよぶ試みである[15]。また個体別資料が単一のブロック内にだけ限定されて存在するものを「収束型」，個体別資料の複数ブロックへのほぼ等量分散を「分散型」，そして完成された成品（石器）

のレベルにおいて考えた「譲渡型」（ただしこれは前二者に比較して型認定の規準が不明確），さらに石核に対する剝片剝離の進行状況に規準をおいて石器製作への関与の度合をとらえようとして設定した「消費型」，「保存型」などの提唱がそのあらわれである[16]。

学問である以上，ものを概念において把握しなければならないのであるからこうしたカテゴライゼイションは大いにおこなわれるべきである。しかし個体別資料の発掘地点における剝離の進行状態を一応個定化して「型」設定をする例などは，それが一人歩きする可能性もあり，設定の妥当性に関する議論が必要である。

第二は，当時の集落の規模を考える上で当初から問題になっていたことであるが，例えば砂川遺跡のA地点とF地点が二つ居住単位の同時存在か，同一集団の時間的間隙をもった非同時的存在かの問題である。これは鈴木忠司氏も指摘するように[17]，現状ではいくらでも解釈が可能であってどちらかが立証されるという段階にはまだない。砂川遺跡についての最近の要約でも両方の可能性がしめされているものの，どちらかに判断を下すことは保留しているようである[18]。今後は分析方法をいっそうきたえることとあわせて，いかなる同時性を問題としているのか，同時性の諸レベルが構造化されなければならないように思われる。

b．では後期旧石器時代の集落は縄文時代の集落と比較してどんな特質があるのか。これについては，いま検討したような問題にもう少し具体的な決着がつけられるまでは評定することは容易でない。ごく大局的に旧石器時代から水稲農耕にもとづく集落の展開までをみとおせば，集落規模は小から大へ，ひんばんな移動から定着化へと一般論としてのシェーマを描くことができる。後期旧石器時代と縄文時代についても前提としてこのシェーマがあって議論されているようである。だがこうした一般論は疑いうるものである。

縄文期の集落についても，同一型式の土器を出土する相離れた住居址を同時存在とする従来の考えに対して，自然流入による住居址の覆土と集団移動の問題をからめて，この前提を破壊した石井寛氏の見解[19]などをあげることができる。縄文中期の爆発的な住居数の増加をひんばんな集団の移動の結果と理解するのである（しかしながら石井氏の集団移動の背景や原因の評価には賛成しがたい）。で

は何をもって「同時存在」をおさえるのか。これに関しては代るべき規準を提示していない。つまり方法上の自己限定をともなっていないのである。これでは縄文期の集落は無限に切りきざまれて行かざるをえない。

旧石器時代では，それならばなおいっそうひんばんな移動をもっぱらくりかえしていたのか。筆者は前記した自説を撤回する必要をまだ認め得ないので，こうしたモデルを考えてはいない。むしろ縄文草創期をはさんで旧石器的な集落構成は一度解体しているとみるべきであろう。縄文早期撚糸文土器以降，前期の縄文集落の成立は，こうしたものの再編として考えられるのである。

2　二つの道

日本の旧石器時代の集落研究でわれわれの眼の前にあるのは石器，剝片，チップ，礫群，その他若干の遺構であって豊富な有機物を残す例外の出現を待つわけにはいかない。だから集落の構造の研究は「1遺跡1文化層のブロックをより詳細に分析することから始まる。こうした研究成果の蓄積を持った時，我々はより具体的な資料に基づいて先土器時代社会の構造を議論することができよう」という指摘[20]は，まさにそのとおりであってこれがもっとも正統な研究の第一の道である。しかしわずかに遺存したものからだけ復原することの困難さもまた明白である。

第二の道が並行してもっと積極的に考えられてよいであろう。それは民族誌のデータを過去の実在のモデルとして投影するようなことではなく，あくまでも遺物が良好な状態で残っている日本以外の発掘例を参考にすることである。考古学における資料批判や，まして比較考古学的方法の全く未開拓の現状にしてみれば危険に満ちているが，それは批判によって漸次的にしか変わりようのないものであろう。

3　定着性と移動のサイクル——1つの例証

砂川遺跡のA・F両地点をどうとらえるかは当時の社会をどのようなものとしてとらえるかに直接かかわる問題でもあった。どの程度ひんばんな移動をくりかえしていたかについては様々な考え方があると思われるが，いずれにしても移動，回帰をくりかえしていたことは間違いないようである。つまり移動にサイクルがあったのか，あった

ゲナスドルフ"冬の家"の復原（Bosinski 1979 から）

とすればどれほどの期間であったのかが問題となる。これは裏返せば、どの程度の定着性を後期旧石器時代の集落に考えられるかということである。

残念ながらまだこの問題を積極的に展開できるだけの資料にめぐまれていない。一つの遺跡で連続的に動物相の変遷をかろうじて追えるのは野尻湖底立が鼻の例[21]だけであるし、そこでも狩猟動物相と石器群の変遷や集落との対応関係はまだ不明の部分が多いのである。

そこで、いま「第二の道」とした外国における発掘例でこの問題に何がしか寄与しうる例があるかどうかをみよう。パンスヴァン遺跡[22]や最近刊行されたモロドヴァ遺跡[23]の例なども参考になるが、管見のかぎりではゲナスドルフ遺跡の例がいまのところ最も具体的に復原できると思われる。

ゲナスドルフ遺跡は西独ノイヴィート盆地の北端、ライン川中流域右岸にあるマグダレニアン期末（12,600±370 B. P[14]C）の開地遺跡である。1968年から1976年にかけて計687m²発掘され、比較的大形の住居と推定されるブロック3か所、小さなテントの跡と推定されるもの3か所が発見されている。詳細な分析がおこなわれているのは1968年に発見された一つの大形の住居（約7×6mのほぼ丸形）址についてである[24]。（図参照）

明らかになった動物相は豊かで、量の多少にかかわらずあげると、大形動物ではウマ、トナカイ、バイソン、西洋野牛、ゲムス、シカ、大シカ、毛犀、マンモス、その他骨は出土していないがスレート板に線刻例のあるものとしてオットセイ、アザラシがある。毛皮採取用動物として北極ギツネ、雪ウサギ、鳥類ではライチョウ、フクロウ、ガン、白鳥、カモメ、ワタリガラス、魚ではサケ、マス、タラなどである[25]。

これらのうちゲナスドルフの住人たちが最も大量に狩猟した重要動物はウマである。例えばいま問題とする一住居址から50個ものウマの蹄が発見されている。これは頭数になおせば13頭（50÷4＝12.5）をしめすか、場合によっては全部個体が異なるとすれば50頭分である。蹄以外のウマの骨で重要なのは、みごもったメスウマの骨と生まれて間もない子馬の骨がここから発見されることで、これは9月から5月の間に狩猟がおこなわれたことをしめしている。冬にしか内陸に飛来しないカモメの骨、9月以降にのみ捕獲可能なタラの骨などの出土がこれを補強し、この住居が冬期用のものであると推定している。

またこの住居の出土遺物の総量が莫大であること、住居内と推定される平面に計20ものピット（これは調理用の穴と考えられ、そこにウマの皮をしいて水を入れ、たくさん出土している焼礫がボイリングストーンとして使われたとしている）があって、一度に20か所使用されたとすれば寝る場所がないこと（図参照）、この住居の復原実験の結果、ウマの毛皮を屋根として用いたと仮定すると計約240kgにもなり、運ぶのにワゴン車1台を要したことなどを根拠として、この冬の家が一冬ごとにたたんで持ちはこばれたのでなく、住居が建っている状態で毎冬ごと何冬も回帰的に使用されたことを復原している。これに対して夏期の住居も1か所推定されている。

石材についていえば、冬の家に当る所およびそれに接して大形の住居址ブロックが2か所あり、三者とも石器に供された石材がそれぞれ産出地の異なるフリントで排他的分布をしめしている。そのため3つの住居を併存とは考えず、異なる集団が残した結果であると想定している。しかし3ブ

ゲナスドルフ調理用ピットの復原（Bosinski 1981 から）

ロック全体をふくめた接合資料分析の報告が未刊[26]であるので，このように解釈しきれるかどうかまだ疑問である。

　以上のように遺構の性格，遺物の量，捕獲された動物の遺存体の季節性からいまのところ季節単位の回帰的移動，逆にいえば季節的定着性が復原されている。一季節よりも短い期間の動きがどう問題にされるのかは接合関係の分析を待ちたいが，移動のサイクル性の一つの基本的なレベルをとらえたものだといえよう。

　日本にこの復原モデルをそのままあてはめることができないのはいうまでもないが，一つの比較資料とすることができるであろう。将来，例えば野尻湖などで丘陵上に残された石器のブロック群と湖底出土の動物遺存体を因果的に結合して復原できれば，中部ヨーロッパと日本の例をもう一歩つっこんで比較することも可能となるかもしれない。いまはただ一つの例証の段階にとどまらざるをえない。

註

1) 杉原荘介・吉田　格・芹沢長介「東京都茂呂における関東ローム層中の石器文化」駿台史学，9，1959
　芹沢長介・中村一明・麻生　優『神山』津南町教育委員会，1959
2) 戸沢充則「埼玉県砂川遺跡の石器文化」考古学集刊，4-1，1968
3) 小林達雄・小田静夫・羽鳥謙三・鈴木正男「野川先土器時代遺跡の研究」第四紀研究，10-4，1971　など
4) 鈴木遺跡調査団『鈴木遺跡』Ⅰ，Ⅱ，Ⅲ，Ⅳ，鈴木遺跡刊行会，1978，1980，1980，1981
5) 月見野遺跡群調査団『概報月見野遺跡群』明治大学考古学研究室，1969　など
6) 鈴木道之助「木苅峠遺跡」『千葉ニュータウン埋蔵文化財調査報告書』Ⅲ，1975
7) 近藤義郎「先土器時代の集団構成」考古学研究，22-4，1976
8) 春成秀爾「先土器・縄文時代の画期について(一)」考古学研究，22-4，1976
9) 小野　昭「後期旧石器時代の集団関係」考古学研究，23-1，1976
　筆者はこのように問題を単純化させて四段図式の仮説を組み立てたが，とくに「世帯共同体」の概念を後期旧石器段階に適用したことに対して，その後これはF・エンゲルスおよび和島誠一からの最も極端な逸脱であると大塚実氏が批判している（「世帯共同体について」考古学研究，27-4，1981）。すみやかに反論する予定であったがまだはたしていない。

10) 稲田孝司「旧石器時代の小集団について」考古学研究，24-2，1977
11) 稲田孝司「先土器時代遺跡群のとらえ方」『報告・野辺山シンポジウム1980』明治大学考古学研究室，1981
　稲田孝司『旧石器時代』日本の美術，188，至文堂，1982
12) 鈴木忠司・山下秀樹・保坂康夫ほか『寺谷遺跡』平安博物館，1980
13) 鈴木忠司・山下秀樹・保坂康夫ほか『野沢遺跡』富山県大沢野町教育委員会，1982
14) 戸沢充則・鶴丸俊明（編）『多聞寺前遺跡Ⅱ』多聞寺前遺跡調査会，1983
15) 註13）文献，pp. 409～411
16) 栗島義明「ブロックの構成と機能」『多聞寺前遺跡Ⅱ』所収，pp. 475～514，1983
17) 鈴木忠司「先土器時代遺跡の構造」『報告・野辺山シンポジウム1980』p. 76，1981
18) 安蒜政雄「埼玉県砂川遺跡」『探訪・先土器の遺跡』（戸沢・安蒜編），有斐閣，1983
19) 石井　寛「縄文社会における集団移動と地域組織」調査研究集録2，港北ニュータウン埋蔵文化財調査団，1977
20) 註16）文献，p. 511
21) 野尻湖哺乳類グループ「野尻湖層産のナウマンゾウ化石」地質学論集，19，pp. 167～192，日本地質学会，1980
22) Leroi-Gourhan, André et Michel Brézillon, FOUILLES DE PINCEVENT (LA SECTION 36), VIIe supplément à ≪GALLIA PRÉHISTOIRE≫, 1972
23) Goretsky, G. I. & I. K. Ivanova (Ed.), MOLODOVA I. Nauka, 1982 (in Russian)
24) Bosinski, Gerhard (Hersg.), DER MAGDALÉNIEN-FUNDPLATZ GÖNNERSDORF Bd. 3 Franz Steiner Verlag, 1979
25) Bosinski, Gerhard, GÖNNERSDORF. EISZEITJÄGER AM MITTELRHEIN. Landesmuseum Koblenz, 1981
26) 接合資料をふくむ石器分析の巻は未刊で，ゲナスドルフの報告全7巻のうちの最終巻に予定されている。冬の家と想定された地点の接合関係がどう展開するのか。定着期間と接合関係の分析ができる可能性がある。

弥生時代の集落

横浜市埋蔵文化財調査委員会
小宮 恒雄
（こみや・つねお）

縄文集落がテリトリーの中に設けられた基地であったのに対し
弥生集落は基本的な生産の場である水田の近くに位置していた

　弥生集落は日本で最初に成立した農民の集落であった。これに対して縄文集落は採集民の集落であり，両者の間には時代の本質に根ざした基本的なちがいがある。例えば集落と生産の場とのあり方一つを取ってみても，採集生活の基地としての縄文集落と水稲農業の根拠地としての弥生集落とでは大きなちがいがあった。

1　集落と水田

　稲作を基本とする弥生時代では最も重要な生産の場が水田であったことは言うまでもない。弥生時代の水田は，戦後間もなく静岡県登呂遺跡で後期初めの集落とともにその実態が明らかにされたが[1]，ここ数年再び各地で発見例が急増している。青森県田舎館遺跡[2]では，弥生文化の北端でもすでに中期の段階に水田を営んでいたことが証明され，北九州では福岡県板付遺跡[3]，佐賀県菜畑遺跡[4]などで，これまで縄文時代晩期後半とされてきた夜臼式や山ノ寺式の時期の水田が確認されて，弥生時代の開始について再考が迫られている。また水田自体に関しても，1枚の広さが20アール（600坪）にも及ぶ登呂型水田よりも，群馬県日高遺跡[5]の平均 90〜120m² （30〜40坪）といった小区画水田がむしろ一般的なものであったらしいことがわかってきた。これらの水田は土を盛り上げた畦畔で区画したり水路を設けるなど，人間が漠大な労働を投下して自然を作りかえ，自然から分離したものであって，もはや自然をそのままの形で領有した縄文時代の生産の場とは根本的に異なるものであった。

　水田の発見はまた，集落と生産の場との関係についての認識をも深めることになった。これまで発見された水田のうち集落との関係が明らかなものでは，いずれも集落の付近に水田が設けられている。また高地性集落のような特殊なものを除けば，弥生集落がたいてい近くに水田を営み得るような場所に立地していることからも，各集落はそれぞれ水田を備えていたとみてよいであろう。集落を単位とした耕地の分割占有は，水稲農業開始とともに始まった集落と生産の場との新たな関係であった。

2　環濠集落

　弥生集落の施設として最も特徴的なものは集落を囲む環濠である。現在知られる最古の環濠は前期初頭の板付I式期のもので，板付遺跡ではほぼその全形が判明している[6]。幅2m以上，深さ1m以上の断面V字形ないしU字形の溝が径 110×80mの楕円形にめぐり，その内側の一部に弦状溝を付設している。木棺墓，土壙墓から成る共同墓地が環濠の外に設けられており，集落を乗せる細長い台地の両脇には水田が確認された。板付遺跡は福岡平野のほぼ中央部に位置し，他に同時期の遺跡3ヵ所が知られているが，環濠を伴うのは板付遺跡のみで，小平野の中での拠点的な集落とみられる。

　環濠集落は現在関東，北陸まで分布が確かめられており，前期から終末まで各時期のものが知られているが，その形態や消長は地域によって一様ではない。

　北九州では上の板付遺跡も含めて径が100mを大幅に越えるような規模のものは発見されておらず，前期末の大分県上田原遺跡[7]や中期の福岡県比恵遺跡[8]のように，径 40〜80m の小規模な環濠集落が少なくとも4〜5個以上近接あるいは連接して存在する例がある。

　大阪平野では前期に環濠集落が出現し（安満遺跡[9]），中期には池上遺跡[10]（400×320m）のような巨大な例が成立する。これらは平野部に点々と分布する拠点集落であり，環濠を防禦施設とする見方が有力である。後期になって再び環濠集落が形成されるが（観音寺山遺跡[11]），それとともに高地性集落の中にも東山遺跡[12]のように溝をめぐらす小集落が出現する。

　関東地方の環濠集落では中期中葉の埼玉県池上遺跡[13]が最も早く出現した例であるが，中期末に

なると神奈川県の鶴見川流域と千葉市周辺を中心に多くの環濠集落が成立する。神奈川県大塚遺跡[14]（200×130m）では隣接する台地に方形周溝墓群から成る墓地が設けられており，周辺に分布するいくつかの小集落と有機的に結合した拠点的集落と考えられる。後期になって南関東各地に小土器分布圏が分立すると，鶴見川周辺では環濠集落が分布圏の境界付近に成立する傾向がみられ，集落面積と環濠自体の規模も縮小するらしい。これはおそらく集団関係の再編によって環濠集落の位置にも変化が生じたことに起因するものであろう。それに対し，多摩川を越えた東京都や埼玉県では後期中葉になって出現する環濠集落が多く，とくに東京都の例は環濠の幅，深さとも中期のものと比べてそん色はない。ここでは環濠が形骸化することなく，本来の機能を保持していたかのようである。

環濠の本来の機能は集落の防禦であったとみられるが，しかし現実に果した役割はそれのみに限定されるものではなかったであろう。土地所有のあり方からみれば，集落地を溝で囲むことは水田を畦畔で区画することに通じるものがあり，低地の場合には洪水に対する防災施設として機能したこともあり得たと思われる。また溝の外に土塁を盛り上げ，さらにその上に柵を結ったとすれば，集落景観自体がある種のシンボリックな威容を誇示したにちがいない。環濠の機能については，本来的なものと副次的なものとを区別してとらえることが必要である。

3　集落と墓地

縄文時代から古墳時代に至る集落と墓地の関係は，集落の内に胚胎した墓地が集落から分離し，隔絶していく過程である。

定形的な縄文集落と言われるものは住居が環状に配置され，その内側はかつて中央の広場と言われていた。ところがその後この部分に群在する土壙墓が発見され，そこに共同墓地を設けていたことが判明してきた。おそらく墓地を核としてその周囲に住居を配するという求心的な集落構成の確立が，縄文集落の定型化を促したものであろう。弥生時代になると墓地は集落から分離するか，あるいはその位置が集落の端部に移り，墓地を内包するような集落形態はみられなくなる。

北九州は中期を中心に甕棺墓の発達する地域であるが，福岡県宝台遺跡[15]（中期）では甕棺墓地と集落との関係がとらえられた。丘陵部の近接した尾根上にそれぞれ5棟前後の住居群から成る三つの小集落があり，この中の一つに住居群から25mほど離れて甕棺墓地が伴っていた。他の集落では墓が発見されていないことから，これは3集落共有の墓地であったと考えられている。

岡山県用木山遺跡[16]（中期中葉〜後期初頭）は丘陵急斜面を階段状に造成して設けられた大規模な集落であるが，墓地は300mほど離れた背後の尾根上に設けられ（四辻土壙墓遺跡）[16]，方形台状墓とその両脇の土壙墓群で構成されている。台状墓は吉備で独自に発達した墓であり，後期後半には墳丘墓へと成長して集落から離れた山頂などに築かれるようになる。用木山遺跡の例は，集落と墓が隔絶していく過程を示すものであろう。

南関東の墓の中心は方形周溝墓である。大塚遺跡をはじめ鶴見川流域の中期の環濠集落では，環濠の外に数十基の方形周溝墓から成る墓地を伴うものが多い。しかし環濠内に墓地が取り込まれた例もあり，柏尾川流域のそとごう遺跡[17]では後期の集落とその南端の3基の方形周溝墓とを囲んで環濠がめぐらされていた。環濠を持たない集落の場合には，集落のはずれや縁辺部に墓地を設けるのが通例である。

縄文集落は墓地を内包していた。これに対して弥生時代の墓地は集落からの分離を志向するようになる。しかしたいていの場合それを営んだ集落を特定することは可能であり，依然として集落との臍帯は保持されている。その点で弥生時代の墓地と集落との関係は，この時代が原始社会から階級社会への過渡期に当ることに照応している。古墳時代になると墓は一般の集落から隔絶した存在となり，豪族は別に居館を構えるようになったことが，群馬県三ツ寺Ⅰ遺跡[18]などから判明しつつある。

4　ムラとムラのつながり

集落はそれだけが孤立して存在するものでなく他の集落との間に様々な関係を取り結んでいる。

神奈川県東部の鶴見川流域は，中期末（宮ノ台期）の遺跡が最も濃密に分布する地域であり，約60ヵ所が集中している。この中には環濠を持つことが確かめられた集落が10ヵ所あり，この内の一つ大塚遺跡では，長径200mのマユ形に全周する

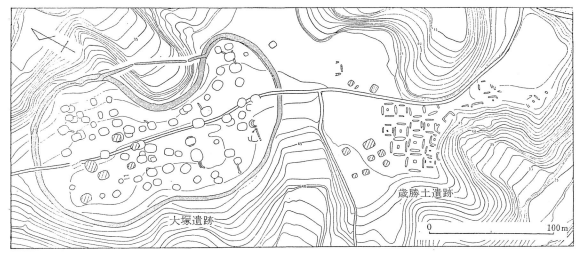

図1 大塚・歳勝土遺跡　斜線は後期の住居
〈港北ニュータウン埋蔵文化財調査団『大塚遺跡』より一部加筆〉

環濠内に 90 棟の竪穴住居址がある。他に弥生時代の掘立柱建物とみられるものも 2 棟発見されている（図1）。環濠は幅 4 m，深さ 1.5〜2 m の断面逆台形のもので，濠を掘った際の排土を外側に土塁状に積み上げていたらしい様子がうかがわれた。住居の分布状態には大きく三つのグループが認められ，重複のし方や主軸方向のちがいなどを基に三小期にわたる変遷がとらえられる。したがって集落はそれぞれ 10 棟前後の住居から成る三つの集団で構成されていたものと考えられる。住居の中には径 10 m 近い大形のものが 3 棟あり，各小期の中核的な存在であった可能性が強い。集落に続く南側約 80 m の台地上には方形周溝墓群から成る墓地が設けられていた（歳勝土遺跡）[19]。調査されたのは 25 基であるが，未調査部分を含めれば 30 基前後の規模になるものと推定される。

大塚・歳勝土型の集落，つまり複数の集団で構成され，環濠をめぐらし，数十基の方形周溝墓群から成る墓地を備えた集落は，朝光寺原遺跡[20]，佐江戸宮原[21]・能見堂遺跡[22]などでも確認されており，この地域では中期の環濠集落の一般的な形態とみてよいであろう。

ところで，こうした大形の環濠集落の他に，この地域の集落のうちの大部分を占める小形の集落が存在する。たとえば宮ノ原遺跡[23]は狭い尾根状の台地に営まれた集落であるが，5 棟の住居群の南端に方形周溝墓 1 基があり，また集落の北端を限って台地を横断する V 字溝が設けられていた（図2）。住居の中には重複したものもあり，1 時期の戸数は 2〜3 軒であったと考えられる。

鶴見川流域について宮ノ台期の集落の分布をみると，まず第一にほとんどが川沿いの台地縁辺に立地しており，とくに脇に支谷の出口をひかえていたり，台地がふところ状に湾入した部分に臨んでいることが知られる（図3）。本流と台地との間は泥深い後背湿地で，当時の技術では水田化することがほとんど不可能であったから，この時期の水田は谷の出口や湾入した台地の裾に想定する他

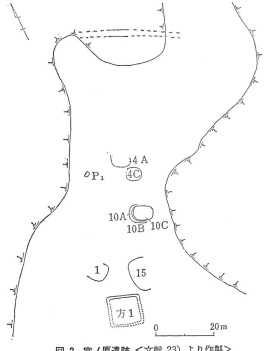

図2 宮ノ原遺跡 〈文献 23）より作製〉

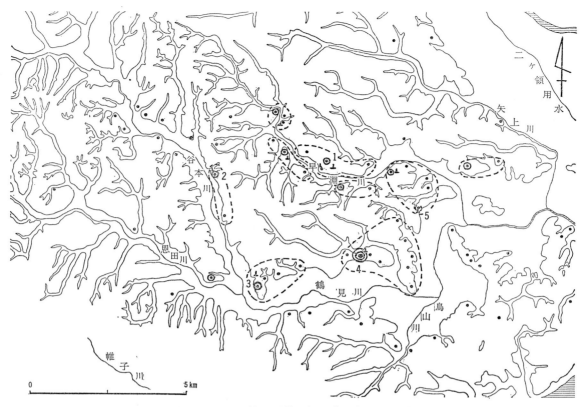

図 3 鶴見川流域の宮ノ台期の遺跡
◉環濠集落　⊥方形周溝墓　1 大塚・歳勝土　2 朝光寺原　3 宮原・能見堂
4 折本西原　5 宮ノ原　＜文献 19＞より作製

はない。そして自然の湿地を利用し谷水を導入して行なう農業経営からは，本流が直接集団関係を媒介したとは考え難く，台地縁辺に沿った集落間の結合が優先したであろう。

そこでもう一度集落の分布状態を見ると，川沿いの台地縁辺部に環濠集落とその周辺のいくつかの小集落がまとまった集落群がとらえられる。一つの集落群の中の集落相互の間にはより近縁な結合関係があり，おそらくこれらは環濠集落を核として結合していたにちがいない。この環濠集落のような存在を拠点（型）集落，その付近の小集落を周辺（型）集落と呼んでいる[24]。拠点集落は大規模な墓地を伴い住居の重複も激しいことから，相対的に安定して存続したようである。これに対して周辺型集落の場合には墓地を伴わないものがあり，短期間で廃絶したり断続的に営まれたものも多い。

鶴見川流域ではこうした拠点集落といくつかの周辺集落から成る集落群 9 ヵ所がとらえられるが，これらは拠点と周辺の関係が明らかな中央部のものだけであり，流域全体ではこの倍近い数が想定

できよう。拠点集落のほとんどは環濠が宮ノ台期とともに終焉した後も後期へと継続している。したがって宮ノ台期終末の段階にはこれら集落群の多くが併存していた可能性も十分にあろう。だとすれば，これら集落群の間にもまた何らかの関係が成立していたとみなければならない。

折本西原遺跡[25]は，部分的な調査ではあるが，宮ノ台期の環濠と方形周溝墓群を伴う拠点集落であることがわかっている。この遺跡でとくに注目すべきは 2 基の巨大な方形周溝墓であろう。1 基は一辺約 23m を計り，もう 1 基はさらに大きく 25m を越えるものである。この地域ではこれまですでに 100 基を越える方形周溝墓が発見されているが，このような規模のものは例がなく，弥生時代のものとしては南関東でもずばぬけた規模を誇っている。折本西原遺跡の属する集落群は鶴見川流域のほぼ中央部に位置しており，周辺型集落 7 ヵ所を含む点でも集落群としては最も大きい。おそらくこの巨大な方形周溝墓を伴う集落は，集落群の中の拠点であると同時に集落群間の結合の要を成す中核的な存在であったと考えられる。

鶴見川流域の宮ノ台期の集落は，複数の集団で構成され環濠を備えた拠点集落を中心に，1集団で構成された周辺型集落がいくつか結合して集落群を形成していた。集落群内の個々の集落はそれぞれに水田を保有し経営する単位であったが，水田の造成は集落群を単位として行なわれたものとみられる。さらにこれら集落群も，少なくとも中期末のある段階には中核的な集落を要に結合して一つの地域圏を形成していた。各集落群の中で周辺集落の展開が進行すれば，耕地の獲得をめぐって集落群間の軋轢が生じるのは当然の成り行きであろう。中核的集落の持つ重要な機能の一つは，この集団の存立にもかかわりかねない危機を回避し集落群間の利害を調整することにあったのである。折本西原遺跡を中核とする集落群の結合は，どれほどの範囲に及んでいたものであろうか。この点については今それを限定できるだけの材料がなく，今後の解決に待たなければならない。

5　弥生集落の終焉

　古墳時代初頭の4世紀には，まだ基本的に弥生時代と変らない集落が続いている。関東地方のこの時期の集落は，住居が土間の中央に炉を備えた竪穴式であること，しばしば1棟の大形住居がみられること，集落の周辺に方形周溝墓が築かれることなど，いずれも弥生集落と変るところはない。しかし5世紀になると，近畿地方では竪穴住居群から成る一般集落とは別に，掘立柱建物群のみで構成された支配層の居宅とみられるものが成立してくる（大阪府大園遺跡）[26]。関東でも墓が集落から分離しはじめるとともに，やがて竪穴住居にも炉に代ってカマドが設けられるようになる。さらに群馬県三ツ寺I遺跡で明らかになった6世紀初めの豪族の居館とみられるものは，大規模な濠と石垣で囲み，幾重にも柵をめぐらせたもので，一般の集落とは完全に隔絶した形で存在している。5世紀代を通じて階級社会の進展とともに首長の居宅が隔絶していく中で，一般集落もまた弥生集落の伝統を脱却し，古墳時代後期の集落へと転化していったのである。

註
1) 日本考古学協会『登呂』1952
2) 青森県教育委員会『垂柳遺跡』青森県埋蔵文化財調査報告書第78集，1983
3) 山崎純男ほか『板付遺跡調査概報―板付周辺遺跡調査報告書（5）』福岡市埋蔵文化財調査報告書第49集，1979
4) 中島直幸ほか「菜畑遺跡」末盧国，六興出版，1982
5) 平野進一「群馬県日高遺跡」日本考古学年報，30，1979
6) 山崎純男「福岡市板付遺跡の成立と展開」歴史公論，1，1982
7) 賀川光夫『大分県の考古学』吉川弘文館，1971
8) 鏡山　猛『九州考古学論攷』吉川弘文館，1972
9) 原口正三『高槻市史』第1巻，1977
10) 石神　怡「池上弥生ムラの変遷」考古学研究，92，1977
11) 森　浩一ほか『観音寺山弥生集落調査概報』観音寺山遺跡調査団，1968
12) 菅原正明ほか『東山遺跡』大阪府教育委員会，1980
13) 中島　宏「熊谷市池上遺跡発掘調査概報」資料館報，13，埼玉県立さきたま資料館，1982
14) 伊藤　郭ほか「大塚遺跡発掘調査概報」調査研究集録第1冊，港北ニュータウン埋蔵文化財調査団，1976
15) 高倉洋彰ほか『宝台遺跡』福岡市教育委員会，1970
16) 神原英朗『四辻土壙墓・四辻古墳群』岡山県営山陽新住宅市街地開発事業用地内埋蔵文化財発掘調査概報（3），山陽町教育委員会，1973
17) 鈴木敏弘『そとごう』そとごう遺跡調査会，1972
18) 下城　正ほか「群馬県三ツ寺I遺跡調査概要」考古学雑誌，67-4，1982
19) 小宮恒雄ほか『歳勝土遺跡』港北ニュータウン地域内埋蔵文化財調査報告書V，港北ニュータウン埋蔵文化財調査団，1975
20) 岡本　勇「朝光寺原A地区遺跡第1次発掘調査略報」横浜市域北部埋蔵文化財調査報告書・昭和42年度，1968
21) 十菱駿武ほか『宮原』佐江戸遺跡調査会，1976
22) 小宮恒雄「佐江戸能見堂遺跡の大方形周溝墓群」港北のむかし，80，港北ニュータウン埋蔵文化財調査団，1983
23) 「宮ノ原遺跡群」文対協資料，1，文化財保護対策協議会，1968
24) 小宮恒雄「弥生時代中期の方形周溝墓」『歳勝土遺跡』1975；田中義昭「南関東における農耕社会の成立をめぐる若干の問題」考古学研究，87，1976
25) 石井　寛『折本西原遺跡』横浜市埋蔵文化財調査委員会，1980
26) 広瀬和雄「大園遺跡調査概報III」大阪府文化財調査概要，1975，1976

中国新石器時代の集落
―姜寨遺跡の場合―

奈良国立文化財研究所
町田　章
（まちだ・あきら）

広場を囲んで住居・貯蔵穴・甕棺などがドーナツ状に分布する姜寨遺跡は半坡様式の集落に共通する特色をそなえている

1　初期農耕文化の集落

いまのところもっとも古い農耕段階である裴李崗文化（B.C.5000年前後）にぞくする河南省莪溝北崗遺跡では，遺構の保存が比較的良好であった。遺跡は綏水と洧水とがまじわる三角地帯にあり，全掘していないが，東西約110m，南北約70～76mの長方形，約8,000m²が遺跡の範囲である。位置関係は報告されていないが，中央部に住居と貯蔵穴からなる居住区があり，北方に墓地が広がるという。

中央部で方形プランと円形プランの竪穴式住居6基を発掘するが，うち5基を占める前者の一つである住居F2は直径2m強の半地下式住居で南壁に入口をひらき，床に白色土をしき炉をきっている。また，周壁にそって6個の柱穴があり，壁つきの住居であったことがわかる。円形プランの住居も大差ない大きさである。円形・方形をとわずこの時期の住居が小規模であったことは一般的であり，同時期の磁山文化にぞくする河北省磁山遺跡でも径2.7×1.9m程度の円形土坑を住居に比定している。

貯蔵穴は44基と多く，平面形によって円形，楕円形，不定形の3種にわけられている。居住区の遺構配置状況については，報告されていない。

居住区の北部に位置するという墓地では66基の墓を発掘している。単人葬の土坑墓が密集して埋葬され，副葬品をもつ墓も少なくない。土坑の大きさや副葬品の多少によって墓相互に格差を生じている。とはいえ，もっとも少ないもので1点，多いもので14点の違いである。副葬品の組成によって3群にわかれる。1群は陶器（食器）のみの副葬。2群は陶器に石摺臼・石摺棒に陶勺をくわえる副葬。3群は陶器に石鏟（スキ）・石斧をくわえる副葬。2群の場合には陶器の量が多く，3群の1基が成人男性であることからすれば，2群は女性の埋葬になる。

河南省裴李崗遺跡でも莪溝北崗遺跡と同じ傾向をしめす。調査した42基は，1群＝10基，2群＝8基，3群（石鎌がくわわる）＝13基であった。

李紹連は莪溝北崗遺跡の検討を通じて，この社会を母系制氏族社会の繁栄期ないしは発展期という。つまり，女性が農耕に従事し，男性が漁猟に従事する性別分業を前提にしているのである。しかし，副葬品構成からすれば，男性が耕作や収穫を担当し，女性が穀物を加工し調理する情景が浮びあがってくる。必ずしも母系制社会とはいえないのである。

2　姜寨遺跡の性格

B.C.4500～B.C.2500年頃にあてられている黄河中流域の仰韶文化は蘇秉琦によればⅠ～Ⅳ期，安志敏によれば北首嶺・半坡・廟底溝・西王村様式にわけられる。だが，細部に相違があるにせよ大筋では一致している。

Ⅰ期――北首嶺様式の段階では，遺跡の規模は前代同様に小さい。甘粛省泰安大地遺跡でこの時期の住居が3基発見されているが，ともに半地下式の円形住居で，直径2.5～2.6mであった。また，発見された墓は単人葬の土坑墓であり，副葬品は3～5点が一般的で，多いもので10点にすぎない。陶器を中心にして，若干の生産工具をまじえるが，装身具の副葬はまれであるという。

Ⅱ期――半坡様式の段階になると様相が一変する。遺跡の面積が拡大し，遺跡数も一挙に増加するのである。

姜寨遺跡　8年間をついやして全面的に調査した陝西省臨潼県の姜寨遺跡第1期遺構は，半坡様式の集落を理解しうる数少ない例である。この遺跡は麗山の北麓に位置し，はるか北方に渭水を望み，一端を臨水に接する台地上に形成されている。

周　溝　遺跡は居住区と墓地とからなる。居住区の南東で，墓地との間を区画するのが溝HG1である。上幅1.2m，下幅0.68m，深さ1.02m。北東から南西にのび，途中できれる。すなわち，北端でく字形に小さく曲り，約45m南下して開

口部は墓地への入口であり，溝はそこからまた西方にのびおそらく臨河に注いだのであろう。居住区の北方から東方を区画するのが溝HG2。規模は溝HG1と大体同じだが，部分的にしか検出していない。溝HG1の北端と約6mをおいて南流する部分も墓地への入口となる。おそらく溝HG2はこのあたりで止まるのであろう。北西方面も未調査だが，居住区をとりかこんで南西にのび臨河に注ぐとみて大過あるまい。なお，南・南東の2個所の出入口と北辺の屈曲部に建つ住居は見張小屋であろうか。このような周溝から推測できる居住区の範囲は直径150mの円形を呈し，

61

西南方を臨河で画していたことになる。

広　場　周溝の中心をめぐる約 4,000 m² の地域(居住区全体の約 1/4)が円形の広場。周囲が高く中心に向って低くなる鍋底形を呈し、長期にわたって踏みかためられているという。中心部にはなにも遺構がないが、西寄りに赤土や石をしいた2条の道が横切っている。道の南北2個所に家畜の囲場(牲畜夜宿場)があるが、どのような遺構か報告されていない。

住　居　広場をかこんで住居・貯蔵穴・甕棺・陶器窯がドーナツ状に分布する。住居は平面形によって円形と方形にわかれ、建坪によって特大・大・中・小に区別できる。

住居 F1 が特大の住居である。半地下式の隅丸方形を呈し、内法で 11.7×10.55 m、面積 124 m² となる。周壁や床をスサ入り土で塗りかため、火をうけている。入口は西辺にひらき、斜めの入口をはいると、食糧をいれた方形穴・中凹みの平らな台状遺構・円形炉が一連につづく。その左右にベット状の高まりがあり、炉の奥に柱穴が2穴ならび、床のまわりに木芯の壁をつくっている。

大型住居は F47・F74・F53・F103 の4基で、一辺 9 m 内外、面積 80 m² 内外の方形プランをとる。住居 F1 と同じような半地下構造のものと地上式 (F103) のものとがある。火事にあったらしいが、屋内出土の遺物は少ない。

中型住居は方形プランのもの5基、円形プランのもの12基である。いずれも径 5.5 m 内外で、面積は 30 m² 内外。方形のものは概して半地下式だが、円形のものには地上式のものをふくむ。

小型住居は方形プランのもの20基、円形プランのもの19基である。ともに径 4 m 内外で、面積は 20 m² 内外。やはり、円形プランのものに半地下式と地上式のものとがある。

以上のような住居址とは別に、炉の痕跡のみをとどめるものがあり、1期のなかで何回となく住居の建替があったことを示している。

貯蔵穴　いわゆる袋状貯蔵穴で、口径 1 m 前後、底径 1.3〜2 m の大きさで、円形・方形・隅丸長方形・楕円形・不定形に区分され、なかには階段をとどめるものがある。なかからは、獣骨・貝殻・生産工具・生活用具が発見される。貯蔵穴は1住居にいくつかずつ付設したものでなく、住居と住居との空間地に群在させている。

甕棺と成人墓　甕棺は居住区の内外に分布するが、居住区内での発見が圧倒的に多い。幼児を埋葬したもので、住居間の空地を適当にえらんで埋葬している。成人墓が少数だが居住区内にもある。墓地に葬らず居住区内に埋葬する理由はよくわからないが、他の遺跡ではゴミ捨て場に利用した貯蔵穴に遺体を投棄した例がある。共同体の成員とみとめられない、たとえば共同体から遊離した人がこの集落内で生存していた可能性を示唆している。その他の遺構として、家畜を飼った柵囲いの遺構と陶器を焼いた窯がある。前者は半坡遺跡でも発見されており、2基が北部に存在する。窯は溝 HG2 沿いで2基検出しているが、かつては西南の臨河沿いに群集していたという。

居住区の構成　住居群は溝 HG1 の開口部を起点に分割すると、A〜E の5群にわかれる。

A群は居住区の東方に分布し、特大の住居1、中型住居4、小型住居9基の計14基で構成される。ここでは大型住居を欠くかわりに、他群では1基である中型方形住居が2基存在していることに注目したい。一方、他群の場合もいえることだが、方形住居は概して散在し建替がみとめがたいのに対し、円形住居は明らかに重複したり近接しており建替が頻繁に行なわれたようである。

B群は北方に分布し、未発掘地をふくむ。大型住居1、中型住居4、小型住居8、計13基の住居に柵状遺構2基がくわわる。

C群は北西方に分布し、未発掘地にのびる。大型住居1、小型住居9、計10基である。中型住居は未発掘地にあるものとかんがえるべきであろう。この群の前面に家畜の囲場がある。

D群は西方に分布し、未発掘地にのびる。大型住居1、中型住居4、小型住居6、計11基である。ここにも前面に家畜の囲場がある。

E群は南方に分布し、西方の一部が未発掘地にかかるようである。大型住居1、中型住居5、小型住居7、計13基からなる。

居住区の推測復原　うえのような構成をとる居住区の性格について、おもいつくまでにいくつかの推測をくわえてみよう。

まず、生産にかかわる問題である。陶器窯は溝 HG2 にそって2基発見されているが、臨河沿いに集中していることから、各群単位で陶器を製作したとしても、集落全体で焼成したことが想定しうる。つぎに家畜の飼育である。柵囲いの遺構はブタ小屋の可能性があり、家畜の囲場というのは

牛ないしは羊の囲いかもしれない。前者は各群に本来は存在したのであろうが，後者はたとえばB・C群，C・E群とでそれぞれ共同管理していたのであろう。広場は共同体成員の集会場だけでなく，キビ・アワなどの穀物の脱穀・精製など農業の作業地として利用されたのであろう。

各群の成員の数についてはいろいろな類推法があろうが，ここでは群相互間における人員の多少を問題にしたい。それについては甕棺の数が目安になる。つまり各群の甕棺数を住居数で割ると，A—2.1基，B—1.4基，C—2.1基，D—0.5基，E—1.9基となる。極端に少ないB・D群は未発掘区になお存在するものとかんがえると，1住居あたり2人前後平均的に死亡していることになる。このことから，各群の構成人員がほぼ等しかったことが想定されるのである。

各群の物資の保有状況はどうであろうか。これは貯蔵穴の多少によって推測できよう。さきと同様に各群の貯蔵穴数を住居数で割ると，A—3.1基，B—2.3基，C—2.1基，D—1.3基，E—1.9基となる。やはり数少ないD群を別にすれば，A群が他群よりも1.5倍の貯蔵穴を保有しており，当然他群よりも豊富な物資を確保していたことをしめしている。

中小型住居内では生産工具や生活用具が床に散乱した状況で発見されているのに対し，特大・大型住居ではそうした遺物がまれであるという。このことから，報告者は特大・大型住居を「氏族成員の共同作業場ないしは氏族内の共同住居」にあてるのである。はたしてそうであろうか。

一方，方形・円形の住居プランの相違をどのようにかんがえるかが問題になる。両者を小時期差とするかんがえかたも成立しようが，それでは各群内の空間が広くなりすぎる。報告のとおり同時存在とすべきであろう。ただし，円形住居のほうが建替が頻繁であるから，一時の住居数としては方形住居の数と同数ぐらいにみるべきであろう。

このような住居配置から想定される共同体の構成をどのようにかんがえるかについては各種の見方ができる。しかし，母系制社会と父系制社会のいずれをとるかによって解釈は根本的に変わる。いま，前代の裴李崗文化が父系制の色彩が濃いことからすると父系制社会にあてはめるべきである。そして，中国の伝統的な宗法制によって解釈すればつぎのようになる。

まず集落全体が1個の血縁集団であり，1住居が家族の最少単位とする。A群は住居F1という特大の住居をもち，物資を他よりも豊富に確保し，家畜の飼育をまぬがれる集団であることから，集落結成時の嫡長子の系統に比定することができる。それに対して大型住居で代表される4群は，支子の系統にあてることができよう。各群内の中小住居のうち方形住居は分派の古い段階の系統で，集落の代表ないしは各群の代表になりうる資格をもち，円形住居は分派が新しくて下位にぞくする家族という風にかんがえられよう。

その後の姜寨集落 以上みてきたような姜寨第1期の集落は，半坡様式の集落に共通する特色をそなえるらしい。早くから有名な西安半坡遺跡や宝鶏北首嶺遺跡でも全面調査を行なっていないが，同じような傾向を示すといわれる。しかし，半坡遺跡では上幅6〜8m，下幅1〜3m，深さ5〜6mで，南北約200m，東西約120mの周溝が囲うようであり，集落の規模が遺跡によって大小さまざまであったことを物語っている。

しかしながら，仰韶文化Ⅲ期の段階になると集落の様相はまた一変するようである。その特徴は，墓地が広場の中央に集中し，200数基の二次合葬墓を発掘している。これも姜寨遺跡にとどまらず，元君廟遺跡など各地で確かめられているところである。

〔追記〕 紙面の都合で，墓地の観察を割愛せざるをえなかった。ただ，墓地に関する詳細な報告がないので居住区との比較はいまのところ困難である。正式報告が早く刊行されることを待ちたい。記述にあたっては金関恕・佐原真の両氏に教示をえた。脱稿後，同じような主旨の研究論文が中国でも発表され，いささか意を強くしている。黄崇岳「従小数民族的火塘分居制看仰韶文化早期半坡類型的社会性質」『中原文物』1983—4

文献
1) 西安半坡博物館・臨潼文化館「1972年臨潼姜寨遺址発掘簡報」考古，1973—3
2) 西安半坡博物館・臨潼県文化館・姜寨遺址発掘隊「陝西臨潼姜寨遺址第二・三次発掘的主要収穫」考古，1975—5
 西安半坡博物館・臨潼文化館「臨潼姜寨遺址第四次至十一次発掘紀要」考古与文物，1980—3
3) 蘇秉琦「姜寨遺址発掘的意義」考古与文物，1981—2

朝鮮半島先史時代の集落

九州大学助教授
西谷　正
(にしたに・ただし)

櫛目文土器時代においては狩猟, 漁撈に生活基盤の主体を求める集落
とともに, 後半期に入ると, 一部に原始農耕を行なう集落が存在した

1　櫛目文土器時代の集落

　日本列島で縄文・弥生の両時代が進行していたころ, 朝鮮半島においては, 新石器文化段階に入った櫛目文土器時代 (以下, 櫛目文時代と略称) に集落が出現し, ついで青銅器文化段階の無文土器時代 (以下, 無文時代と略称) に集落は大きな展開をみせた。

　櫛目文時代の集落は, その調査や研究の歴史が浅く, 住居跡が検出されたのは全国で10数ヵ所にすぎない。それらを含めて, 櫛目文時代の遺跡は, ほとんどが海岸や大河川の縁辺に立地することからもうかがえるように, この時代の集落の生活基盤は漁撈活動に大きく依存していた。その結果, 集落の一般的な遺構としては貝塚が顕著な存在として知られる。貝塚および貝塚を伴わない遺跡の分布状況をみると, 朝鮮半島の東北部では, 現在の中国や一部でソ連と国境を接する豆満江の流域と, 日本海 (東朝鮮湾) に面した東海岸に比較的多く集中している。

　前者の代表例として, 咸鏡北道の茂山虎谷遺跡があり, 後者のそれに, 同じく屈浦里西浦項貝塚や農圃洞 (油坂) 貝塚が知られる。東海岸を南下して東部にくると, 江原道の鰲山里遺跡など, まばらな分布を示す。いっぽう, 西海岸に目を転じると, 西北部において, 中国との国境に当る鴨緑江下流域に一つの分布の中心がある。平安北道の新岩里遺跡は河口に近く位置する。少し南下して, 大同江および載寧江流域と河口周辺の海岸部には, 比較的多くの遺跡 (貝塚) 群が知られ, 平安南道のピョンヤン清湖洞遺跡や弓山里貝塚などが著名である。西海岸でも中部にくると, 漢江流域と島嶼に多くの遺跡が分布し, 岩寺洞遺跡や矢島貝塚は代表的なものである。西海岸の西南部では, 大黒山島などの島嶼に貝塚が点在する。最後に, 東南部の海岸・島嶼地域にも貝塚が比較的多く集中し, 東三洞・水佳里などがよく知られている。

　遺跡立地に関連して, 上記の遺跡 (貝塚) 群のうち, 北部西海岸の弓山里貝塚と同東海岸の農圃洞貝塚は, 現在, 海岸線から2kmほど内陸に立地しているが, 櫛目文時代はおそらく遺跡の直下まで海進していたと思われる。

　貝塚を伴う遺跡で住居跡との有機的関連が把握できる調査例はほとんどない。屈浦里西浦項遺跡や弓山里遺跡では, 貝殻層の上に竪穴式住居が営まれているが, とくに前者の住居跡のなかには, 床面のカキの貝殻層に粘土を貼り, 焼き固めたものがある。東三洞では, 傾斜面の下位に貝層が堆積しているが, 上位の平坦面で炉跡がみつかっていて, 住居跡と貝塚との関係がうかがわれる。慶尚南道の水佳里遺跡も, おそらく山麓のわずかな平坦面が居住地であったと思われるが, 発掘調査ではその下位の斜面に堆積した貝塚しか調査されていない。

　貝塚の規模は, もちろんそれを残した集落に居住した人口や存続期間によって多様であろう。屈浦里西浦項遺跡は, 山麓の斜面に立地し, 櫛目文時代のほぼ全期間にわたっていて規模が大きく, 40m幅で100m以上, つまり数万m²に及んでいる。水佳里遺跡は, 山麓の傾斜変換線に, 東から西へ第1区・第2区・第3区・第4区と呼ばれる4ヵ所の貝塚が, 320mほどの範囲内に点在している。そのうち, 第3区は比較的保存状態がよく, 4ヵ所のなかでもっとも広くて, 堆積層も厚い。同地点は, 居住区と想定される山麓の平坦面がさほど広くないが, 櫛目文時代を早・前・中・後・晩の5期に分けた場合, 中・後期にわたって営まれている。1978〜1979年におよそ440m²の範囲が調査されたが, 一部, 宅地や道路造成による削平を考慮すると, ほんらいはずっと広範囲であったろう。東三洞の貝塚も一部が削り取られているが, 水佳里とよく似た規模である。したがって, 屈浦里西浦項と水佳里の両貝塚は, 規模の大小という点では両極端に位置づけられるかもしれない。

64

2 集落と生業

　貝塚出土の動物遺体や魚貝類の分析を通じて，櫛目文時代人の採捕対象がうかがえる。キム・シンギュ氏の研究によると，櫛目文時代には野生動物が89％以上を占め，犬・豚などの動物飼育は未発達である。しかも動物の種類が，屈浦里西浦項で22種，農圃洞で18種と豊富であって，食糧となりうるものは何んでも捕獲したとさえいわれる。そのうちで，主要な狩猟の対象は，シカ科の動物である。東北部では，ノロやアカシカが多く，イノシシやクマがそれにつぐ。西部と南部では，シカとキバノロが主体で，イノシシがそれにつぐ。漁撈活動による獲物は，まずリマン海流との係わりで，タラ・ボラ（弓山里），ヒラメ（農圃洞），サワラ（東三洞）などが特徴的である。

　東南部の水佳里遺跡では，金子浩昌氏らによって，詳細な分析が行なわれている。すなわち，寒海系のマダラやスズキが多く，いっぽうで，暖海系のマダイも含まれる。ここでは，砂泥性のマガキが主体を占め，ごくわずかアサリやハマグリなどが知られる。東三洞では，さらにサザエなどの岩礁性のものが知られる。海棲獣類も無視できず，クジラは，屈浦里西浦項・農圃洞・東三洞で検出された。屈浦里西浦項とともに，東三洞ではアザラシが捕獲されているが，冬期に寒流にのって南下したものと思われる。

　櫛目文時代の遺跡群では，貝塚の有無にかかわらず，いまみたような経済活動と相関する遺物組成が認められる。まず，狩猟具として，石鏃が顕著である。黒曜石が産出する東北部では，打製石鏃が発達する。東南部の黒曜石には，対岸の西北部九州腰岳産の石材が含まれるが，黒曜石，打製の石鏃が若干認められる。そのほかの地域では粘板岩製の磨製石鏃が多用される。矢柄研磨器は慈江道土城里遺跡で検出されているが，弓の発見はいまだにみられない。石槍はそれほど顕著でなく，粘板岩でつくった磨製品が多い。

　つぎに，漁撈具では，骨角製の銛や釣針が著しい。東南部では，黒曜石を使った石銛や結合式釣針が知られ，西北部九州との共通点をみせている。網漁用の石錘は普遍的であるが，用途による使い分けを示すべく重量が多様である。貝塚を伴う東三洞遺跡では，狩猟や漁撈活動に係わる遺物のほかに，原始農耕を推測させる石器組成が認められる。すなわち，まず，石斧のなかに，石鍬もしくは石鋤とみなしうる石器がある。ついで，穿孔こそないが，無文時代の石庖丁のような形をした半月形石器がある。そして，穀物の脱穀ないし製粉用の鞍形すりうすがある。つまり，これらは開墾―耕作―収穫―調理という一貫した労働体系，いいかえれば原始農耕と関連づけられる石器群といえる。貝塚は伴わないが，黄海北道の智塔里遺跡は，その可能性をより多く示している。ここでは，多量の石鍬あるいは石鋤，明確な石鎌，そして，鞍形すりうすといった石器群とともに，ヒエないしはアワの穀物遺体が伴出している。ピョンヤンの湖南里南京遺跡は，櫛目文時代でも末期とされるが，ここでも第31号住居跡から，ドングリとともにアワが検出されたが，石斧・石鑿・扁平片刃石斧・石刀（石庖丁か）・石錘などと伴出した12点のすりうすは注目に値する。このような遺物組成は，食用植物の採集活動とともに，おそらく焼畑による原始農耕と係わるものと思われる。

　こうしてみてくると，櫛目文時代には，海岸や大河川での漁撈活動，集落を取り巻く山野での狩猟活動，そして，食用植物の採集活動とともに，一部で，しかもおそらく後半期に原始農耕も行なうという複合経済を想定すべきであろう。その点で，智塔里や湖南里南京の遺跡のように，内陸部にあって貝塚を伴わず，河川沿岸の沖積地に立地する遺跡群が，将来，大いに問題とされねばならないし，それらは，漁撈や狩猟に生活基盤の主体を求める集落とは異なった存在形態を示すであろう。

3 集落の構成

　さて，ここで集落の構成を考えてみたいと思うが，資料的にきわめて制約される。集落を構成する最小の単位は，堅穴式住居であるが，住居遺構が検出された遺跡は，洞穴遺跡（平安北道美松里・江原道校洞など）を除いて，朝鮮半島全体でも10ヵ所余りしか知られていない。ましてや，堅穴式住居跡が数基以上検出されている例は，そのうちでも60％ぐらいの遺跡においてである。そこでもっともよく調査が行なわれた，屈浦里西浦項遺跡に例をとって考えておこう。

　この遺跡の範囲は，前述のとおり，数万 m² に及ぶといわれるが，1960年から1964年にかけて

発掘が行なわれ，約 620m² の区域内で櫛目文時代の竪穴式住居跡が 21 基検出されている。この遺跡は，旧石器時代から無文時代にかけて，長期間にわたって営まれているので，数万 m² といわれる遺跡全体に，櫛目文時代の住居跡がくまなく分布しているとは思えないが，それにしても調査された範囲があまりにも狭い。したがって，つぎに述べる集落の構成とその変遷が，集落全体のなかでどの程度の位置を占めるのかわからないが，参考までに紹介しておきたい（挿図参照）。

屈浦里西浦項遺跡の住居跡は櫛目文時代の全期間にわたり，5つの時期に分けられる。第Ⅰ期には，第9号住居跡1基が検出されている。これは東西の長径12m，南北の短径6mほどの，楕円形に近い隅丸長方形の平面形をもった竪穴式住居跡として，東西方向に炉跡が5ヵ所に配列されていることや，大規模である点が注目される。この種の大形住居跡は，1980年に，平安南道の湖南里南京遺跡の第31号住居跡でもみつかっているが，この場合は二段づくりの竪穴式で，南北の長径13.5m，東西の短径 8.4m を測り，炉跡は一つである点など，規模や構造において若干の差異がある。いずれにしても，それを集落の共同的な作業場と考えるか，屋根裏における堅果類の長期保存を意図した住居と考えるか，こんごの課題である。

第Ⅱ期には，第3号・第17号・第19号・第23号の4基の住居跡があり，直径 4〜5m の円形を主として，隅丸方形の平面を示す。第Ⅲ期は，第8号・第12号・第13号・第20号・第26号・第27号・第28号・第29号・第30号の9基の住居跡が検出されているが，そのうち3ヵ所ではそれぞれ2基の住居跡が重複するので，同時存在としては5,6基であろう。いずれも方形プランをもつが，一辺が 4〜5m でやや小形である。第Ⅳ期では，第11号・第15号・第18号・第21号・第22号の5基の住居跡が検出されたが，1,2ヵ所の重複を考慮すると，同時的には 3,4 基が存在したであろう。いずれも平面が方形もしくは長方形をなす。そのなかには，一辺が7mを越すものがあるが，5m内外が普通である。

この時期に相応するものとして，茂山虎谷

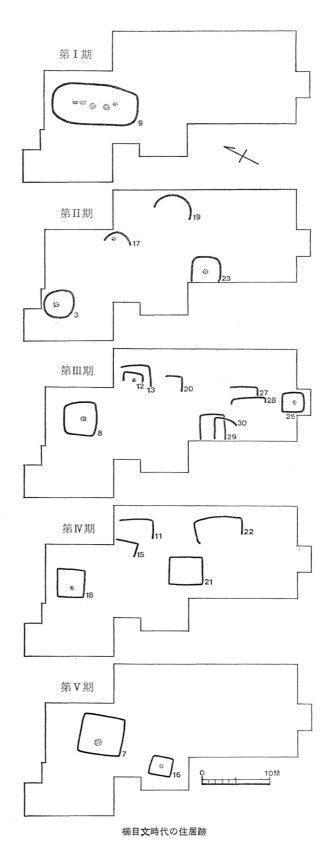

櫛目文時代の住居跡

遺跡の例がある。虎谷遺跡は，豆満江の上流域の渓谷の段丘面に立地し，その範囲は，200m四方すなわち約 40,000m² に及ぶといわれる。そのうち，わずか 1,200m² ほどが，1959年から1961年の3年間に5次にわたって発掘され，櫛目文時代から原三国時代にわたる遺構や遺物を検出している。櫛目文時代の住居跡は，方形もしくは長方形プランの竪穴式で，10基検出された。それらは重複せず，10基以上からなる集落構成がうかがえるが，一辺が 4m 未満のものから 5m ぐらいまで，比較的小規模なものが群在している。屈浦里西浦項遺跡の第V期には，第7号・第16号の2基の住居跡が検出されている。ともに長方形プランの竪穴式であるが，大きさが 6.2×6.0m と 3.2×2.8m の大小がある。

ところで，いまみたように，個々の竪穴式住居は規模や平面形において種々多様である。しかしながら，平均すると 30m² ぐらいの規模が一般的といわれる。そして，根拠は示されていないが，そこに10人前後の母系の小家族が居住したといわれる。そしてさらに，そのような小家族が集合して血縁的な氏族集団，つまり竪穴式住居群から構成される集落を形成していたとされる。このような集落は種々の労働や交易活動の単位もしくは主体として存在し，他の集落との間には，労働活動の領域を接していたかもしれない。

4 無文土器時代の集落

つぎに，無文時代の集落に関しては，住居跡の調査例は櫛目文時代に比べてほぼ10倍に当る100ヵ所以上の遺跡でみられる。集落の多くは，海岸部よりむしろ内陸部に分布が拡大し，河川流域の平坦な沖積地とか丘陵地の頂上部や傾斜面に立地するものが少なからず認められる。しかもほとんどの場合，貝塚を伴わない。遺物組成においても，穂摘用収穫具としての石庖丁や，木製農具製作具としても使える太型蛤刃・柱状（抉入）・扁平片刃石斧という木工具のセットなどの大陸系磨製石器に特徴がみられる。

さらに，湖南里南京遺跡第36号住居跡では，アワ・キビ・コウリャン・大豆・コメといった穀物遺体が検出され，そこに農業の本格化がうかがえる。このようにして，集落の様相にも新しい展開がみられた。個々の住居は，竪穴式で，平面が櫛目文時代晩期の系譜を引く長方形や方形のほか，新たに円形もしくは隅丸方形もみられる。ただ，中部地方においては異常に長大なものがみられるものの，櫛目文時代とさほど大きな変化をみせない。ただ，忠清南道松菊里遺跡で認められたように，食糧の貯蔵穴が住居の付属施設として，戸外に独立してくることは新しい現象である。

ところで，中部の京畿道水石里遺跡では，5基の竪穴式住居の同時存在が想定されるが，そのように，無文時代には，引き続き数基ないし10基前後の竪穴式住居からなる集落が普遍的であるいっぽうで，櫛目文時代にはみられなかったような大規模集落の出現に大きな特色がみられる。

たとえば，北部の茂山虎谷遺跡をみると，無文時代の住居跡は19基発掘されているが，三時期にわたり，しかも一時期における重複がはげしい場合もあって，およそ平均 4, 5 基の住居が同時性として認識される。ところが，遺跡は，およそ 4万 m² にまたがるのにもかかわらず，調査範囲はその30分の1程度の 1,200m² にすぎない。ここで住居跡が広範に分布すると仮定すると，単純に計算した場合でも，この集落は一時期に100数戸の住居があった可能性がないわけではない。

つぎに，南部の松菊里遺跡をみると，無文土器が，海抜40m未満の低丘陵地帯に 2×1.5km にわたって散布している。そのうち，1975年から1977年にわたって実施された3次の部分的な発掘調査では，17基の竪穴式住居が検出されたにすぎないが，おそらく朝鮮半島で最大規模の集落であろう。北部西海岸地域に当る黄海北道の石灘里遺跡も同じように比較的大規模な集落遺跡である。ここでは10万m²の範囲内に100基以上の住居跡が確認されている。そのうち，1964年に12基の竪穴式住居跡が発掘調査され，三時期にわたることも判明した。

なお，無文時代の集落を社会構成という視点から考えると，櫛目文時代いらいの基本的な存在としての氏族集団としての集落は，それ自体で完結するものではなく，さらにいくつかの集落が集まって，おそらく農業共同体としての部族集団を形成していたことが推測されるが，その間の状況を論証するには，なおいっそう遺跡の調査が進展し，かつまた理論的研究が展開されねばならないであろう。

北米大陸北西沿岸インディアンの集落

早稲田大学講師
スチュアート・ヘンリ

北西沿岸文化の集落には冬の季節定住のものと，春〜秋の漁撈・狩猟の仮キャンプがあり，定住とされている社会でも居住地は季節的に変わる

　北西沿岸文化伝統のインディアンは，アラスカの最南部からカナダのブリティッシュ・コロンビア州および米国のワシントン州北部の沿岸地帯に分布する，狩猟採集経済を営んでいる民族としてはもっとも複雑な社会組織を有している社会である。海の幸山の幸が豊かな自然環境の安定した食料資源はこうした社会制度を可能たらしめたが，ここで考古学と民族学資料を利用して，北西沿岸文化伝統における集落および社会，そしてその基盤をなした生業を略述して，縄文文化，とりわけ東日本の中期以降の縄文文化と社会を理解する新たな手がかりを探ってみることにする。

1　北西沿岸文化伝統とは

　米国のワシントン州のコロンビア川より，南アラスカのヤクタット湾までの沿岸山岳地帯の西山麓，海岸と沖合諸島にわたって分布する北西沿岸文化[1]の独特な芸術と，財への偏執は18世紀に来航したキャプテン・クックの目を引いて以来，無数の民族誌が残されている。
　では，考古学記録に残っている北西沿岸文化と言えば，5,000 y.B.P. 頃，海水面が相対的に現在の水準に安定してくると，それまで主に内陸に生業基盤をもっていた集団は沿岸に定着し，海洋に適応した文化を営むようになった。海水面の相対的安定に伴って，サケは北西沿岸文化が分布する地域の河川を毎年大量に溯上するようになったことは，こうした適応を可能にした主要な要因であるとされている。そして，2,000 y.B.P. 頃，Marpole文化が出現することによって，民族誌に記録されている北西沿岸文化伝統はほぼ成立した，と最近の考古学調査成果で明らかになったのである。しかし，考古学調査はまだ不十分であり，北西沿岸文化伝統の起源と発展過程は現在まだ十分に把握されていないので，ここで民族学研究によって明らかにされており，その存在が考古学記録に認められるか，あるいはその存在を想定するに足りる考古学資料のある文化特徴に基づいて，先史時代の北西沿岸文化伝統のおおまかな復原を行なう。

2　物質文化

　北西沿岸文化の特徴として，物質文化の面では，丸木舟，トーテム・ポールや厚板材で作った家屋などの木材建築物に使う石斧，石鑿，石槌，骨角製のくさびの他に，財への異常な関心と，発達した贈与交換の慣習と社会階層の存在を示唆する彫刻品，装飾品，小型立像，容器や棍棒が2,000 y.B.P. の Marpole 文化以前から少しずつ出土している。これからの出土遺物に基づいて，初期のヨーロッパ人が目撃した余剰エネルギーの蓄積，明確な階層を含む複雑な社会組織，そしてその2点と深い相関関係にある財とステータスを表現する品物の生産，それを誇示する制度としてのポトラッチを含む発達した贈与交換システムが約2,000年前から存在していたと推定される。
　このような社会と文化を支えていたのは，海洋および河川の食料資源を効率的に獲得する技術と道具であった。骨角製の銛頭，魚種別の釣針，釣鉤などの出土によって，この技術伝統の古さが裏づけられている。

3　集　落

　北西沿岸文化を代表する厚板材で作った半永久的な家屋，10〜20mもあるトーテム・ポールと大規模な貝塚をもつ集落は，生業活動がほとんど行なわれなかった冬の居住地であり，ここでポトラッチなど，様々な儀礼がとり行なわれた。
　春から秋にかけて，留守を守るために残った少人数を除いて，社会は分散して，1〜3の家族からなる移動性の高い小グループが川でサケ，山でシカ，海岸で貝類と海魚をとり，仮キャンプに住んでいた。ある程度の食料を貯えると，ヒマラヤスギやトウヒで作った丸木舟で本拠地に一時帰る

ことはあったが，全員がそろうのは冬の間だけであった。

冬の集落は貝類採集を除けば，生業根拠地ではなかったので，サケ川とは無関係に築営された。北西沿岸文化の分布圏の北部で実施された遺跡分布調査の結果によると，サケ川やその他の漁（猟）場と冬期集落の位置には，何らかの相関関係もないことが明らかにされた。すなわち，冬期の集落は社会生活の中心であり，生業は補足的にしか行なわれなかったので，その立地条件は水上交通[2]に便利な所が選ばれた。具体的に，水はけがよく，飲用水が近くにあり，カヌーを陸に上げやすい河口付近の高台，入江やフィヨールドの奥まった所にある平坦地など，防衛しやすい，しかも交易に便利な所には冬の集落地が発見される。

春から秋までの間の仮キャンプはサケ漁，またはその脂のために重用されたロウソクウオ（キュウリウオの一種）の漁場の近くの，平坦な草地に営まれた。しかし，春に川が氾濫するたびにキャンプは跡形もなく流されてしまうので，その存在は民族学資料や長老の思い出話によってのみ立証される。このような仮キャンプは漁撈キャンプにせよ，狩猟キャンプにせよ，考古学調査によってほとんど発見されていない。仮キャンプには簡単な天幕しかなく，数年経つと考古学記録にまったく残らないものであった。

一方，冬の集落は一般的に大規模な貝塚を伴う半永久的な本拠地であった。一段と高い所に，ヒマラヤスギの柱と厚板材で作られた2～10戸の家屋と，高さ10～20mのトーテム・ポール[3]や葬送記念ポールのある集落は数10年から数世紀にわたって使われていた。家屋は幅5～6m以上，奥行10m以上の切妻作りであり，中央に共同の炉があり，両側にそれぞれの核家族が寝起きするいくつかの小部屋があった。

家に1つの家族が住むのではなく，同じクランに属する2～10家族が1つの"世帯"(household)として住んでいた。北西沿岸文化の母系社会では，母方のオジを通じて男の家長と村の首長が選ばれる。通常，家長も首長も世襲制であった。家はただの居住施設ではなく，家長の財力と社会地位を表わす，財を誇示する表現の一つでもあった。

4 生 業

北西沿岸文化の複雑な社会と豊かな文化の基盤をなした生業活動は多種多様であり，決してサケ漁に一辺倒であったわけではない。サケはもちろん重要な食料源であったが，サケに勝るともおとらなかった食料にはロウソクウオなどがあった。食料資源は多様だったからこそ，サケ不漁の時でも数100人の集落が崩壊せずにすんだ。ある特定の食料資源に頼っている社会，例えば北西アラスカのエスキモー社会は主要食料であったクジラがとれなかった時に，確実にとれる他の食料源を確保していた。北西沿岸文化もその通りで，100種以上の動植物を利用していた。マスなどの淡水

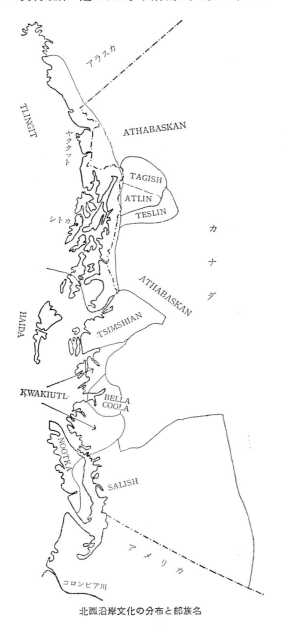

北西沿岸文化の分布と部族名

魚, 5種類のサケなどの遡上魚, ヒラメ, ニシンなどの海魚, カニなどの甲殻類, ウニなどの棘皮類, タコ, イカの軟体動物, アザラシやアシカなどの海棲哺乳類, シカ, クマなどの陸獣, カモ, ガンなどの水鳥, ザゼンソウ, クローバ[4], 漿果（ベリー類）の植物が主に3月から10月までの間に収穫され保存された。もっとも重要な10種の食料資源の中, 8種は魚と海棲哺乳類であったことからみても, 海洋からの食料資源はいかに大切であったかは明白である。重要度はサケ, ヒラメ, ニシン, 海棲哺乳類, ロウソクウオ, クマの順である。

生業活動の年間サイクル[5]は2月からはじまった。保存食は残り少なくなり, 人々が新鮮なものを食べたくなる頃, キュウリウオ（スメルツ）が海岸の近くまで回遊してきた。キュウリウオは年に2回, 回遊してくるのであるが, 2月の漁は魞（えり）で行なわれ, 漁った魚を保存せずに当座の食物にする。4月中旬にニシン漁がはじまるまで, キュウリウオの他に, 貝類, 小動物などと, 残りの保存食を食べた。ニシンはたくさんの尖った歯のある熊手のような道具で掻きあげて, あまり保存しないですぐ食べられたようである。また, ニシンがこの時期に産卵するが, あらかじめ遠浅の海底にツガの枝を差しこんでおいて, 枝に産卵された数の子を集めて, 茹でて保存する。ニシン漁が一段落つくと, カヌーを沖合に出して, タラやオヒョウなどを釣針で釣る。こういう魚はすぐ食べられた。5月頃の2回目のキュウリウオ（ロウソクウオ）漁は魞, 熊手, さで網, そして産卵のために波打際に来る魚をカゴですくって, 脂をとり肉を干して保存食を作った。

重要な食料資源であるサケ漁は7月末から9月にかけて行なわれる。5種類のサケは5～8回川を遡上するのであるが, 漁撈は河口付近, または少し上流のところで仮キャンプをベースにして, 2～3家族が協力して行なわれる。サケの種類と時期によって漁法は違うが, 原則として河口ではカヌー, あるいは岸からヤスと釣鈎を使い, 本格的な遡上がはじまると川底に打ちこんだ太い棒の間にカゴ細工を張って作る魞, 刺網や潮の干満の差を利用して石干見（いしひみ）を使う。その他に, 岸からまたは沖合で釣針を使ってとる場合もあった。漁ったサケをすぐ食べることもあったが, 大部分は3枚におろして干したり燻製にしたり冬の保存食をこしらえた。

最初に漁ったサケを用いて初物祭が行なわれた。初のサケを祭るということは, サケの霊を招じてもてなして, 豊漁を願って感謝を表わす意味であった。再生の願いをこめてサケの骨は常に海にもどされ, 遺跡周辺や貝塚からはサケの骨が出土することは稀である。他の獲物に関しては, 祭る風習はあまりなかったようである。ただし, クマ祭を連想させる記述は若干みられるが, 他の北方民族で知られている本格的なクマ祭祀は認められない。

夏の間, 集落は家族単位, 多くては2～3の家族という小グループに分散して, シカ[6], カリブー, カモシカなどを狩猟した。または, サケ漁が終わる9月下旬から水鳥のガンやカモなどをとったり海草や野生リンゴ, 漿果とユリ, ルピナス（ウチワマメ）, シダなどの塊根植物を採集した。冬には生業活動はほとんど行なわれず, わずかに海氷に穴を開けてカレイをヤスで刺したり, ハマグリ, ムラサキガイなどの貝類を集めた。これは生存のためというよりも, いつもの食事にバラエティを加える意味が強かったようである。同じ意味で, 巣穴で冬眠しているクマをとることもあった。

5　資源獲得の場のひろがり

上記の生業活動が行なわれた"場"に関してその食料資源が重要なもの, 例えば漁場やアザラシのとれる場所は集落, あるいは集落の中の有力な"世帯"やリネージが優先権（いわゆる所有権）をもっていた。その集団外の者は漁（猟）場を使う場合に優先権をもつ集団に獲物の一部, あるいは交易品などの使用料を出さなければならなかった。石材などの材料に関しては縄張りがあったという民族誌の記述はないが, 考古学調査の成果からしては石材や木材は相当遠い所から交易されていたと推定される。

6　集落間の交流

北西沿岸文化では, 前述の漁（猟）場における制限を除いて, 集団は個有領域をさほど明確に意識していなかったようであり, 人々の往来はエスキモーなどの場合に比べてかなり自由であった。とくに同じ部族であると, 集落と集落との間は戦闘状態ではない限り, 交流は盛んであった。とな

りの集落に住む親族訪問という個人レベルの交流の他に，制度化されたものとしては婚姻，戦闘，交易，儀礼などを媒体とした交流はあった。

　交叉イトコ婚を好み婚姻相手を自分の集落から選ぶ傾向が強い場合でも，どの集落も周辺の集落，あるいは他の部族から配偶者を迎えた。この際，配偶者（母系制度の場合，女性は他所から婿をもらった）だけではなく，婚資としての品物の他に，装飾モチーフも技術も移入され，広域にわたる文化的斉一性をもたらす1つの要因に婚姻が挙げられる。

　もちろん，交易は婚姻の副産物としてのみ存在したわけではない。隣合っている集落間の交易は常に行なわれていたが，遠距離の交易もあった。例えば，ロウソクウオ漁が終り，サケ漁の繁盛期との間，沿岸に住むインディアンは干し魚，魚油などをもって内陸アサバスカン・インディアン領に入り，カリブー毛皮や染料となる地衣類などと交換した。直接交易であるかどうかは明らかではないが，ヨーロッパ人航来以前から北西沿岸インディアンは鉄を使っていた。これは恐らくシベリアからの交易品であったと考えられる。他の民族との交易は盛んであった一方，北西沿岸インディアン同士の交易は盛行し，生活するに当って必要な行為であった。丸木舟を作るための大きい木材は北西沿岸文化分布圏の南部から北へ，魚油やそれぞれの部族の特産物である毛布，カゴ細工などと交換された。現在のバンクーバー周辺でとれたツノガイや装飾に不可欠のアオガイなどは北西沿岸文化全体だけではなく，1,000 km も離れているマッケンジー川流域まで考古学遺跡から出土している。その他に，食物も交易の対象となったが，もっとも特異な交易品は奴隷であった。戦利品として手に入った人間はたいていの場合に奴隷になり，個人の所有物になった。そうした奴隷はよく交易されたが，この時，婚姻による交易と同様に，もっていた概念や技術が奴隷の移動に伴って伝播したと推定される。

　多数の人が参加し，大量の品物が交換された場としては，ポトラッチは特記に値する。ポトラッチは社会的な変化を認知する，重要な儀礼であった。集落における変化，例えば新しい首長の就任やトーテム・ポールの完成の時，そして家長や有力な構成員・リネージに結婚があったり子供が生まれたり命名，襲名したり葬送などあるとポトラッチが催される。ポトラッチが催されるまで，そうした変化は認知されない故に正式に成立しなかった。ただし，その都度にポトラッチを催すと，集落の経済は破綻してしまうので，何年かに1回余剰品の貯えが出来ると，他の集落を招いてポトラッチの開催をもって，開催する集落で起きた社会的出来事をまとめて認知してもらう制度になっていた。そのようなポトラッチはただ招待客に品物を贈るだけではなく，トロブリアンド島などのクラと同じようにコミュニケーションとしても重要な機能をもはたしていた。

7　まとめ

　これまで，北西沿岸文化伝統について集落を中心に述べた。要約してみると，北西沿岸文化は2,000年以前海洋に適応した文化として成立し，その源流は 5,000 y. B. P. までさかのぼるものである公算は強い。集落の型式には冬の季節定住のものと，春から秋までの漁撈，狩猟と採集の仮キャンプがあり，考古学と民族学の研究によって前者の輪郭はかなり明瞭にされている。しかし，後者に関しては考古学資料は皆無であり，民族学調査も冬の集落に偏重していたので，不明瞭なところが多い。冬の集落は，小さいものが100人前後であり，立地条件がよく有能なリーダーがいると大きいものは700人以上を擁していた。それぞれの集落は2つの半族といくつかのリネージからなり，各々の家に同じリネージに属する複数の家族（原則的に核家族）が住んでいた。多くの場合，とくに母系制度の傾向がとりわけ強い北部では相続は母方のオジを通じて行なわれた。

　物質文化の面では，石器に適した石材は少なかったので，木製品は多く，そのために保存状態がよい遺跡を除けば，道具の出土数は比較的に少ない。民族誌に記されている 4つ以上の語族，10以上の部族と数100の文化・方言集団は考古学的にほとんど識別できない。

　土器は北西沿岸文化のどの時期にもなかった。これは容器に適した木材は豊富であったためとされているが，北西沿岸地帯と同じように木材が多く木製容器を作った北東沿岸文化インディアンは土器も作っていた。また，木材が少ない内陸カリフォルニア・インディアンは土器を作らなかった。以上の例は土器作りはただ単なる自然環境の条件によって左右されるのではなく，他の要因もはたらいていたことを意味しているのであろう。

最後に，北西沿岸文化の研究は縄文文化とどのように交叉するかについて簡単にふれてみたい。まず，沿岸部および河川流域において（半）定住した社会の成立の問題である。北西沿岸の文化と社会の成立と，海水準の相対的安定との間に密接な関係が推定されているが，縄文の貝塚文化および海洋適応と海水準変動は相関関係にあると筆者がかねてから考察しているモデルに関して，間接的であるにせよ，ある程度の裏づけを得たと考えている。

もう一つは，北西沿岸における社会・政治制度，とくに複雑な文化（cultural complexity），海洋適応と食料資源の多寡・集落型・技術体系・人口変動とのかね合い，複雑な社会制度の出現と発展などの問題を把握することは，縄文文化の研究を前進させる新たな契機になるのではないかと期待している。

この小論では，文中に引用・参考文献を記さなかった。比較的に新しい代表的なものは註 7) の通りである。

註
1) 北カリフォルニアの沿岸インディアン文化を北西沿岸文化伝統に入れる研究者もいる。北カリフォルニアのいくつかの文化には，丸木舟や厚板材で作った家屋が確認されていることにより，北西沿岸文化からの影響は認められるが，基本的に Plateau と Great Basin の文化伝統に含まれる文化であると考える。
2) 北西沿岸文化の分布圏は海に面した，無数の谷やフィヨールドによって開析された狭い海岸平野であったので，陸上交通は発達せず，もっぱらカヌーによる水上交通が頼りであった。
3) 北西沿岸文化の"トーテム・ポール"はトーテミズムに伴う本当の意味でのトーテム・ポールではなく，クランまたは半族の紋章であって，特定のタブーを伴わなかった。
4) クワキウトル族は小規模ながらクローバーを栽培していた。
5) ここで挙げる生業活動は一般的な北西沿岸文化の生業パターンであって，すべての集団はこれに該当すると限らないし，またはここに挙げなかった生業はある集団にとっては重要であった場合もある。例えば，南のヌートカ族は捕鯨を行なっていたが，他の集団は主に寄鯨(よりくじら)に頼っていたので，捕鯨についてとくにふれなかった。
6) 犬を使ってシカを追いこむ猟法の他に，笛でシカを呼びよせて弓矢で打止める方法もあった。縄文文化の遺跡から出土する土笛にも同じような機能があったのではないか。
7) Blackman, M. B.: "Window on the Past; The Photographic Ethnohistory of the Northern and Kaigani Haida" Mercury Series #74, Canadian Ethnology Service, Ottawa, 1981

Borden, C. E.: "Origins and Development of Early Northwest Coast Culture to about 3,000 B.C." Mercury Series #45, Archaeological Survey of Canada, Ottawa, 1975

de Laguna, F.: "Under Mount Elias; The History and Culture of the Yakutat Tlingit" Smithsonian Contributions to Anthropology 7, Smithsonian Institution, Washington D. C. 1972

デ・ラクーナ, F.: "アラスカのトリンギット・インディアン民族史" 早稲田大学語学教育研究所紀要, 26, 1983

Fladmark, K. R.: "A Paleoecological Model for Northwest Coast Prehistory" Mercury Series #43, Archaeological Survey of Canada, Ottawa, 1975

Fladmark, K. R. (editor): "Fragments of the Past; British Columbia Archaeology in the 1970's" B.C. Studies 48, Vancouver, 1981

Krause, A.: "The Tlingit Indians" University of Washington Press, Seattle 1956 (1885)

益子待也: "ポトラッチの神話学—トリンギット族における死と再生の論理" 民族学研究, 47—3, 1982

Nash, R. J. (editor): "The Evolution of Maritime Cultures on the Northeast and the Northwest Coast" Publication 11, Dept. of Archaeology, Simon Fraser University, Vancouver

Simonsen, B. O.: "Archaeological Investigations in the Hecate Strait-Milbanke Sound Area of British Columbia" Mercury Series #13, Archaeological Survey of Canada, Ottawa, 1973

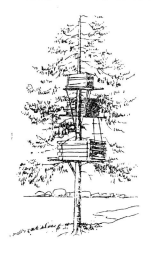

樹上の干し魚貯蔵小屋

東南アジア焼畑農耕民の集落

国立民族学博物館
宮本　勝
（みやもと・まさる）

——フィリピンの事例を中心に——

焼畑農耕民の移動的密集型の集落が凝集的性格を示すのにた
いし，定着的密集型の集落は可変的，流動的な性格を有する

　焼畑農業を営む種族は，東南アジアの山岳地帯に広範にわたって分布している。この地域の人口支持力は低く，集落は小規模な村の形態をとり，かつかなり定着的性格を有しているのが一般的である。しかし，大規模な村の形態をとる例や，集落が移動的である例もみられ，それらは東南アジアの焼畑農耕民の集落が一義的にはとらえにくいことを示している。

　本稿では，まず東南アジア地域の焼畑農耕民の集落の規模や形態を概観し，次に筆者の研究対象地域であるフィリピンの事例をとりあげる。後者では，焼畑農耕民の集落あるいは村の社会的性格を検討する。

　なお，集落（settlement）という語は，ほんらい「住居の集合を指す景観的な概念」[1]である。ここでも集落の概念を幅広くとらえて，複数の家族・世帯の集合体としての居住形態を示すものとする。そこには，一時的な居住状況や分散的な居住形態も含まれる。本稿では村（local community）という語も用いる。この概念はマードックのいうcommunityに相当し，「本来的に，顔と顔とを合わせあう親密な関係（face-to-face association）のもとで共住する人びとの最大の集団」[2]をいう。集落と村とが一致することもあれば，複数の集落が1つの村を形成することもある。なお，集落ないし村の成立条件として，自治慣行，共同の宗教的信仰対象・儀礼，土地その他の生活財の共有のいずれかがはいってくると，その集落・村は「共同体」的性格ないし自律団体（corporate group）[3]の性格を帯びてくることになる。

1　概　観

　東南アジアにおける焼畑農耕民の集落の規模，形態などを概観するにあたっては，佐々木高明の『熱帯の焼畑』[4]がひじょうに役に立つ。ここでは立ち入った紹介をする余裕はないので，とくに重要な点を要約するにとどめる。

　集落の規模と形態　東南アジア焼畑農耕民の集落の規模には大きな差異がみられる。フィリピンのハヌノオ・マンヤン族（いわゆるハヌノオ族）やスバヌン族のように，平均5〜6世帯の小規模な集落を形成するものから，アッサムのナガ諸族や台湾の一部の山地民のように100〜200戸ないしそれ以上の家屋が大規模な村を形成するものまでみられる。ただし，後者の例は限られており，10〜30戸の小規模な集落が標準的である。それは，東南アジアの焼畑の人口支持力が25〜30人/km²と低いことと関連する。大型の村を生み出す要因を，生態的条件や焼畑農業の経済的条件に求めることは困難である。むしろ社会的・歴史的諸条件の中に求めるべきで，たとえば村どうしの戦争や首狩りなどがその要因として考えられる。

　佐々木は，この地域の焼畑農耕民の集落の形態を基本的Weiler（小村）型（ハヌノオ・マンヤン族，グムラオ型のカチン族），散居型（スバヌン族），単節構造型（パハリア族），分節構造型（ラメット族，イバン族のロング・ハウス），分節階層構造型（グムサ型のカチン族），大型集村型（ナガ諸族）の6つに類型化している。その類型化は，それぞれの型の構造的連続性・不連続性を明確にしているとはいいがたいが，東南アジア焼畑農耕民の集落の規模・形態を概観するうえで都合がよい。

　集落の立地と移動　山稜頂部や山腹斜面に立地する例がおおい。防禦や衛生上の必要性がその要因とみなされるのが一般的だが，実際問題として山地斜面の森林のほうが焼畑耕作活動には適している。一般に，村（集落）は一定の村域をもっている。その範囲内で焼畑耕作に適した場所（10〜15年程度の二次林）が求められなくなると，集落の移動の可能性が生ずる。また，人口圧の増大にともなう森林の荒廃を回避するために集落が分裂・移動する例もみられる。たとえばイバン族やラメット族のばあい，出作集団が母村から分出して新しい村を形成する。

2　フィリピンの事例

　フィリピンの山岳地帯には，伝統的な生活様式を維持する原マレー系種族が広範にわたってみられる。山地民の人口はフィリピンの全人口（約5,000万人）の2%にすぎず，少数民として低地キリスト教民からさまざまな形で社会的・政治的圧力を受けてきている[5]。

　フィリピン研究にたずさわる社会人類学者の最大の関心事のひとつは，フィリピンに村落共同体が存在するか否か，という問題である[6]。この問題に関しては2つの対立する見解がみられるが，「共同体」の概念をどう規定するかによっても意見の喰い違いが生じる。本稿の結論からいえば，フィリピンの焼畑農耕民の社会は流動性に富む。しかし同時に凝集化（「共同体」的性格の萌芽）の現象がみられることも見逃すことができない。

　フィリピンの集落は，その規模と形態からみれば，佐々木のいう「散居型」，「小村型（基本的Weiler型）」，「単節構造型」，「分節構造型」に分類できる。ここでは，前述の課題の性格上，いちおう分散型と密集型にわけて論を進めていく。

　分散型の集落　焼畑耕地の移動にともなって住居も移動することがこの種の集落の成立の前提となっている。典型的な例は，ミンダナオ島西部の山地のスバヌン族にみいだせる。フレイクの報告によれば[7]，スバヌン族の集落は3〜12戸程度の仮小屋的な小家屋がそれぞれ焼畑耕地の近くに散在して構成される。1つの家屋に核家族の成員が共住して世帯を成す。スバヌン社会で経済的にも社会的にも自律団体として永続的なまとまりを有する集団は家族だけである。ただし，家族が土地を所有することはない。農業経営上の必要性や双系親族における義務などが重なりあって，複数家族が集落という形でまとまりを示す。しかしそれは一時的なものにすぎず，長期間の幅でみれば安定性，永続性に欠ける。第1に，各世帯は耕地の移動（2〜3年ごと）と同時に居住地も変えてしまう。したがって，集落の構成員の変化がひんぱんに生ずることになる。その傾向は，妻方居住から選択居住という婚後の居住方式によってさらに強められる。娘が結婚すれば集落内に新しい世帯が加入することになるが，彼女の夫が3〜4年の奉仕期間がすぎれば彼の両親の集落に家族ごと転出するかもしれない。このようにスバヌン族の集落はたえず可変的で，長期的にみればひんぱんに集落の消滅と生成がくりかえされているといえよう。このようなタイプの集落のうちには，自律団体としての性格はみられない。

　密集型の集落　このタイプの集落には，移動的なものと定着的なものとがある。前者のばあいは，分散型と同様に，耕地の移動が居住地の移動をともなう。

　ホカノによれば[8]，スロッド族はパナイ島中部の山稜頂部付近に集落を形成する。5〜7戸からなる小村型の集落だが，焼畑耕地の移動にともなって，2〜3年ごとに移動する。親族関係は双系的だが，第1いとこどうしの結婚が認められている。結婚後の居住方式は新居住である。集落内の住民はたがいに親族関係で結ばれており，日常生活において相互扶助関係を維持しており，焼畑活動において協業集団をなす。最年長の男性が集落のリーダーで，耕地の選定と移動，狩猟などに関するリーダー役をつとめる。彼は宗教的職能者でもあり，また慣習法上の権威者でもある。次期リーダーには次の男子年長者がなり，特定出自をたどってリーダーシップが継承されることはない。

　移動的密集型の集落が自律団体的な村の性格，つまり凝集的性格を示すのにたいして，定着的密集型の集落は可変的，流動的な性格を有する。

　ハヌノオ・マンヤン族の村（ローカル・コミュニティ）が後者のタイプの典型といえる。筆者が調査したハウィリ地域の村を検討してみよう[9]。調査時（1974年）のハウィリ村の人口は計67名であった。図に示したように，この村は3つの集落（A，B，Cとする）から成り，世帯数は17（①〜⑰）である。集落BとCはそれぞれ1つの家屋のかたまり（複数世帯から成る）によって構成されるが，集落Aのほうは家屋のかたまりを4つもつ。それぞれの家屋のかたまりは日常生活においてもっとも緊密に相互扶助関係を維持している地縁的親族集団である。各個人を中心とした親類とはことなり，枠組が明確に示される集団であるが，長期的にみれば死亡や結婚（婚後の居住は妻方方式だが，2〜3年してから新居住方式ないし夫方居住方式をとる例もある）を契機に構成員が変化する。したがってハウィリ村そのものにも，長期的にみればかなりひんぱんに世帯の移動と転出・転入がみられることになる。

　このようにハヌノオ・マンヤン族の集落は可変

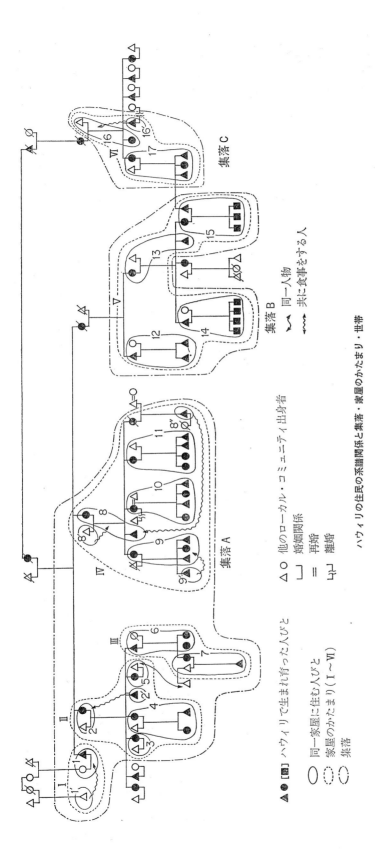

ハウィリの住民の系譜関係と集落・家屋のかたまり・世帯

性・流動性に富むが，同時に慣習法や宗教儀礼に関連してまとまりを示す。訴訟は全員参加のもとで進められ，葬送儀礼その他いくつかの宗教儀礼が村レベルでおこなわれる。慣習法にもっとも明るい世帯①の老人は，この村のリーダーであると同時に，低地に住むキリスト教民とのトラブルに村民がまきこまれないように指揮している人物でもある。近くの村が十数年前に正式のバリオ（フィリピンの政治体制の末端機構で現在はバランガイと呼ばれる）として認可されたが，上記の老人はハウィリ村がこの機構に組みこまれることを巧みに回避してきている。

3 若干の考察

以上，東南アジア焼畑農耕民の集落・村の規模と形態を概観してから，フィリピンの事例をいくつかとりあげ，集落の社会的性格を検討してみた。その結果，移動的密集型の集落は凝集的性格を示すが，他のタイプの集落は，凝集性を示しはするものの，つねに流動的・可変的であることが明らかとなった。それでは，この流動性の要因はどこに求められるのだろうか。

基本的には，上記の流動性の要因は，固定した集団の組織化を困難にさせるとともに個々人を中心とした血のつながりを横に拡張させていく性格を有する双系的親族体系のうちに求められるだろう。同時に，ミンダナオ島のブキドノン族の協力組織をめぐる結城の分析がこの問題を解明するうえで示唆に富む[10]。調査対象のローカル・コミュニティの規模は30世帯，人口約200人で，その中にたがいに親族関係のつながりをもつ3～5世帯で構成された日常サークル（とくに親しい人びとの集まり）がいくつもみられる。日常サークルは組織体としての継続性はないが，

宗教儀礼に参加するために集落に集まったハヌノオ・マンヤン族の住民たち

拡大⇄分裂という分節過程をとらずに，部分部分がたえず加入・転出することによって再編成され，変化していく，という指摘がなされている。そして，日常サークルとは，居住地の近隣性と血の近親性の概念が調和して重なりあった部分であり，時間の経過にともなって生じた両概念の遊離は，家屋をひんぱんに移動させることによって整合化されるという解釈がなされている。これらの日常サークルが連合して大規模農作業サークルがつくられ，さらにいくつかの大規模農作業サークルが集まってローカル・コミュニティを形成する。つまり，ローカル・コミュニティの流動性の要因は日常サークルの性格に求められるわけである。

移動的密集型にみられる凝集性の要因は，焼畑耕作活動の性格（つまり協業集団の必要性）に求められるだろうが，定着的密集型の集落にもうかがえる凝集的傾向には別の要因が働いているようにおもえる。前述したように，焼畑農耕民は少数民という立場にあり，たえず多数民から社会的・政治的圧力をうけてきている。そのような状況のもとでリーダーの出現と固定化の傾向が焼畑農耕民の村にみいだされる。つまり，リーダーを中心にして村が凝集化し，外的圧力に対抗しようとする現象が認められるのである。そして逆に，集落の可変性・流動性を維持することによって外的圧力を回避しようとする現象もみられる。かつて強力なリーダーと共同体的性格を強くもっていたがゆえに，外的圧力によって崩壊の対象となった例はフィリピン南部のムスリム地域に数おおくみられる。

本稿では，焼畑稲作から水田稲作への変化にともなう集落の変貌についてふれる余裕がなかった。この問題も東南アジア焼畑農耕民の集落を考察するにあたって回避できないテーマであることをつけ加えておく。

註
1) 石川栄吉『原始共同体―民族学的研究―』日本評論社，1970
2) Murdock, G. P.: Social Structure. The Free Press, New York, 1949
3) Radcliffe-Brown, A. R.: Introduction. In A. R. Radcliffe-Brown & D. Forde (ed.), African Systems of Kinship and Marriage. Oxford University Press, London, pp. 1-85, 1950
4) 佐々木高明『熱帯の焼畑』古今書院，1970
5) Kikuchi, Y.: Lack of ethnic symbiosis in the Philippines. 『社』Ⅶ (2-3), pp. 35-41, 1974
6) 村武精一「Cognatic 社会における＜いえ＞の生成」『社』Ⅰ (1), pp. 1-7, 1967
7) Frake, C. O.: The Eastern Subanun of Mindanao. In G. P. Murdock (ed.), Social Structure in Southeast Asia, Quadrangle Books, Chicago, 1960
8) Jocano, F. L.: Sulod Society. University of the Philippines Press, Quezon City, 1968
9) 宮本 勝「ハヌヌー・マンギャン社会の構成について」国立民族学博物館研究報告，2-1，pp. 84-122, 1977
10) 結城史隆「ブキドノンの協力組織―焼畑耕作民の日常的活動および農作業における協力組織の動態的分析―」民族学研究，47-4, pp. 315-335, 1983

ハヌノオ・マンヤン族の家屋
小家族が住み，内部に炉が1つ設けられている

縄文時代の低湿地性貝塚
福井県鳥浜貝塚

発掘のたびに縄文前期観をぬりかえてきた福井県三方郡三方町の鳥浜貝塚の調査も昨年で第8次を迎えた。各年次の調査は低湿地性貝塚のもつ潜在的情報量の豊かさを物語ってきた。今回の調査においても新しい木製品の出土や、多縄文系土器包含層下に爪形文土器の包含層を検出するなど、予想外の成果をおさめた。

構　成／網谷克彦
写真提供／福井県教育委員会

第8次発掘調査区近景　手前が高瀬川で写真中央で鰣川と合流する。この合流点付近に集落があったと推定している。

遺物出土状況（35層出土）
土器、石器、木製品、獣骨、自然木などが混在して出土する。

縄文前期の杭群
発掘区東半の貝層中より検出された杭群。プランに規則性が認められず、性格は特定できない。側面に面取りをもつものもあって、単なる杭とは呼びがたいものもある。

福井県鳥浜貝塚

しゃもじ状木製品

ヤシ科の実（35層出土）　漂着物を採集したものであろう。縄文文化研究において忘れられがちな「海上の道」の視点を想起させて興味深い。

ボール状木製品　容器形の木製品は立ちあがりが破損しやすく、このように全形のわかるものは非常に少ない。口端に2個の装飾突起が削り出してある。

縄類　今回の調査では25点の縄が出土している。一段の縄、みつ編み、結び目など多様な出土状況を示すが、現在まで2段の縄は出土していない。

槌状木製品　握り部と体部先端を焦がして磨きこんである。植物繊維を柔軟にするために用いた槌か。

北海道美々4遺跡

縄文後〜晩期の墓地跡

周堤墓群
写真上が北。右1号、手前2号、左上3号。周堤の様子がよくわかる。2号、3号の周堤の南西の一隅が低くなっているのは出入口かとも思われる。

新千歳空港の建設に伴って調査が続けられている〝美沢川遺跡群〟の美々4遺跡で、縄文後〜晩期の大規模な墓地が発掘された。昭和58年度の調査では、周堤墓廃止後にもこの遺構を利用して土壙墓や盛土墳墓が設けられる例のあることが明らかにされた。また、壙底から土偶を出土した墓や、シラカンバの樹皮で遺体を梱包した葬法などは、全国的にも初めての発見例で、縄文時代墓制の研究にとってきわめて有力な資料となるであろう。

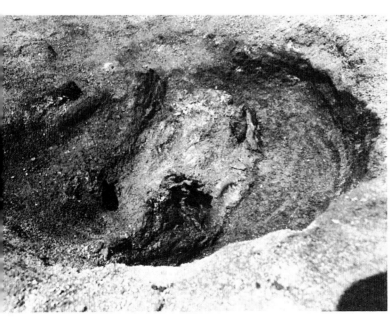

樹皮の梱包遺体を伴う土壙墓（P-59）副葬品取りあげ後の状態
遺体は観察できないが、手前が頭位方向。白く写っているのは焼骨細片。ただし、この焼骨はレベルがやや高く、遺体の一部ではないものと思われる。

P-59の樹皮の裏面
木枠をかけて、発泡ウレタンで養生して切りとり移動。裏面から土を除去した状態。

北海道美々4遺跡

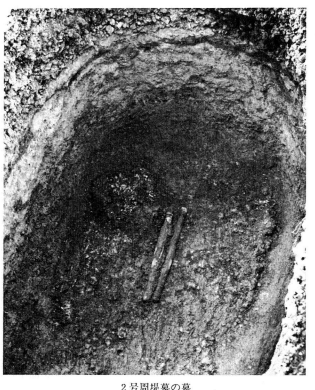

2号周堤墓の墓
2体合葬例。両遺体の中間に石棒2本が置かれている。壙口の大きさ2.00×1.15、深さ1.10m。

2号周堤墓の墓
壙口の大きさ2.70×1.20、深さ1.60m。

2号周堤墓内にある新しい時期の墓に副葬された玉
周堤墓の墓とは長軸方向が異なり、深さも浅い(0.33m)。壙底がEn-a軽石層内にあるので遺体の保存は悪く、この例では完全に消失している。

土壙墓P-373から出土した土偶

構　成／森田知忠
写真提供／
北海道埋蔵文化財センター

●最近の発掘から

低湿地の縄文遺跡——福井県三方町鳥浜貝塚

網谷 克彦　福井県立若狭歴史民俗資料館

　福井県三方郡三方町鳥浜に所在する鳥浜貝塚は低湿地に形成された縄文時代の貝塚として，縄文前期観の転換をうながす主導的な役割を果たしてきた遺跡の一つである。1962年の立教大学・同志社大学合同の第1次調査から1975年の第4次調査においては，木製品や縄・編物といった植物性遺物や漆製品を多量に出土して木工技術，漆工技術の通念を変革した[1]。また，ヒョウタン・リョクトウなどの栽培植物の発見，多様な食料残渣の膨大な出土は動植物遺体からみた生業活動の復原を可能にしている[2]。1980年からの連続調査にあたっては，「生業活動の復原」を最重要テーマとしてかかげ，調査を実施してきた。2隻の丸木舟の出土，草創期の縄，シソ・エゴマなどの新たな栽培植物の発見，2枚の火山灰の検出と土器型式との相関など[3]，考古学上の成果とともに自然科学分野の研究者との学際的研究の実践的な場としての役割も果たしてきている。

1　第8次調査の概要

　第8次調査は高瀬川右岸の第7次調査区82Tの東隣に発掘区を設定し，昨年の7月19日～9月16日までの60日間にわたって実施した。発掘面積は100m²（20×5m），四周を9m鋼矢板で区画した。表土および攪乱は機械除去し，海抜+60cm以下を調査対象とした。遺物はすべて1mスクウェアー単位で取りあげることとし，前年の82Tグリッドを延長して用いた。発掘区の北辺と東西辺にコの字状のトレンチを入れ，さらに内部を2つのトレンチで分離して3地区に区分した。このトレンチは排水と土層観察を兼ねるもので，分層を終えた上で各層を1枚ずつ剝いでゆく方法をとった。
　第8次調査にあたって，通常の発掘調査をすすめる一方，自然科学研究者との学際的研究課題を設定した。
　（A）第5次調査以来のテーマである人工遺物と食料残渣からみた生業活動の復原
　（B）栽培植物の検出
　（C）遺跡周辺の地形や堆積環境の復原
　（D）遺跡形成の終了——集落廃絶にいたる環境・経済基盤の変化の把握
　以上の4つの課題のうち，AとDについては各食料残渣や小型人工遺物に応じた量の土壌サンプリングをおこなうとともに，各包含層の体積推定が可能なように層位

や分布を記録した。これによって層位別に全遺物が包含土壌の体積を通じて定量的整合性をたもつことになる。Bに関しては3地点でコラムサンプルをおこない，笠原安夫氏に分析をお願いしている。また同時に花粉分析その他にも利用できるように予備サンプルを採取した。Cは最も研究の立ち遅れていた分野で，今回若狭地方の地形に精通されている愛知県立大学の岡田篤正氏に参加していただいて，地質・地形学的検討をしていただいた。

2　第8次調査の成果

　出土した人工遺物の数量は土器100ケース（コンテナー容量30l），石器1,169点，骨角器230点，木製品550点以上，縄25点，編物2点が判明している。また糞石は171点が出土している。自然遺物では獣魚骨121ケース，胡実・貝35ケースが出土している。今回新たに出土したものに少なくとも2個体のヤシ科の実がある。海岸に漂着したものを採集して集落に持ち帰ったものであろう。
　集落推定域近傍の調査であったため遺構検出につとめ，前期と草創期に属する杭群とその抜き取り穴を確認した（前期94本，草創期17本）。これらの杭群からは配列の規則性や幾何学的プランを抽出できず，性格は依然として特定できなかった。
　層序　発掘区全域で90層を確認した。1～3層は縄文晩期終末以降の粘土層，4層は晩期前半の河川堆積物で前期～晩期初頭の遺物を出土した。6層以下77層までが前期の包含層で，有機質土層の間層を含む貝層群と茶褐色有機質土層群とで構成される。貝塚の形成が漸次西方へとすすんだことによる分布域の変化から，貝層群は4群に細別できる。最後に形成された第1貝層群下に砂礫層群（17～20層）が存在し，さらに第1貝層群上に遺跡全域を覆う砂礫層（4層）が発達している。これらは遺跡の終末に気候環境の悪化があったことを示しており，遺跡廃絶の直接の要因となったであろう。貝層群出土の土器は北白川下層Ia式からIIc式まで型式変遷を順次層位的にたどることができる。茶褐色有機質土層群（70～77層）は灰褐色粘土層（76層）によって上下に分かれる。上層は羽島下層II式を主体とし，下層は少量の羽島下層II式に早期の条痕系土器群（茅山上層式～石山式），未確定型式の土器などが混在している。第7

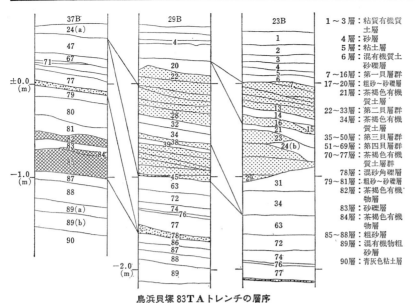

鳥浜貝塚83TAトレンチの層序

次調査までは76層をもって前期包含層の堆積開始とし，以下は不整合面で早期堆積物に接すると認められたが，新たに77層の前期形成層の検出によって前期初頭の型式空白を埋められる可能性が生じてきた。これとともに第6，7次調査で下限を明らかにしたアカホヤ火山灰の降下年代についても，上限を検討する資料が得られたことになる。

78層以下は早期・草創期の包含層で，前期の堆積環境とは全く異なり，砂礫をマトリックスとしている。そのなかでも多縄文系土器包含層（82，84層）は未分解有機物で構成される堆積物である。78〜81層は条痕文系，押型文，表裏縄文，多縄文が混在していて層位的に型式細別はできない。多縄文系土器に伴出した石器は掻器2点，石鎚1点，磨石類2点があり，石鎚の存在は第6次調査から明らかになってきた多縄文期の網漁による漁撈活動を追証するものである。また，伴出した木製品に杭17点，板材7点，加工材8点にまじって，未製の石斧柄台部に類似した加工品が出土している。規格が小さく，握り部となる枝も細いために石斧柄の未製品とは即座には決め難いが，注目すべき木製品である。

今回の調査成果のひとつに，予想もしなかった爪形文土器の発見がある。総数31片。多縄文系土器包含層下の85層より出土した。口縁に1条の隆帯をめぐらし，その上にも施文することを特徴とする。器体全面に施文されたと考えられる爪形文様には多くのバラエティーがみられる。この爪形文土器に共伴する石器を明らかにするために85層の全土量を水洗選別にかけたところ，4点の石鏃が得られた。形態の内訳は平基式2点，幅広の茎をもつもの1点，基部に中軸から左右対称に突起を剥出するもの1点と少量ながら形態変化が多い。

86層以下は地下水噴出の恐れがあるため，部分的に掘り下げ，各種のサンプルを採取し，発掘を終了した。

木製品の新例　出土した木製品の器種別数量は石斧柄46点，弓および尖棒29点，容器形木製品16点，櫂22点，杭111点，板材150点，棒51点におよび，用途不明の木製品や加工木は105点に達している。また，漆塗木製品は弓が3点，容器が5点出土している。このうち，今回新たに判明した木製品4点を紹介する。

まず第1に口径40cm，深さ12cm，器厚1.5〜3.0cmの丸底のボール状容器がある。鋼矢板の打ち込みによって口縁の一部を欠失しているが，容器形木製品としては全形のわかる数少ない例のひとつである。口縁端部には2個のチョウネクタイ形の突起が削り出してある。内・外面ともにきれいに磨きあげられていて，削痕は認められない。

次に，ヘラ形の木製品が出土している。柄の端部を欠く。現体長18.5cm，身幅7.3cm，柄幅1.8cm，器厚1.2cmを呈する。用途の認定に役立つ使用痕は認められないが，形態や規格からみてしゃもじのような機能を想定している。

第3にソケット部位が一般と異なる石斧柄状の木製品が出土している。一般の石斧柄が台部先端上面にソケットを削りこむのに対して，側面下部から中心へ向けて斜めにソケットを削りこんでいる。使い勝手を考慮した縦斧着装の変異かもしれない。

以上の3点は北白川下層Ⅱa式に伴う。

第4に槌状の木製品がある。全長47cm，体部径5cm，握り部径3.6cm。グリップエンドを削り出した野球のバットのような木製品である。体部先端と握り部全面を焦がして磨きあげてある。羽島下層Ⅱ式に伴う。

現在，概要報告に向けての整理途上にあり，調査段階で表面化した事実や遺物に関する新知見を略述するにとどまらざるを得ない。鳥浜貝塚本来の成果は長期にわたる水洗選別，同定，分析，総合の過程を経てはじめて明らかになるもので，その道のりはきわめて長い。

註
1)　福井県教育委員会『鳥浜貝塚』1979
2)　西田正規「縄文時代の食料資源と生業活動」季刊人類学，11−4，1980
3)　福井県教育委員会『鳥浜貝塚』2，1981
　　福井県教育委員会『鳥浜貝塚』3，1983

● 最近の発掘から

縄文後〜晩期の墓地——北海道千歳市美々4遺跡

森 田 知 忠　北海道埋蔵文化財センター

　新千歳空港建設事業に伴う遺跡の発掘調査は，昭和51年に北海道教育委員会によって着手されたが，その後，昭和54年に(財)北海道埋蔵文化財センターの設立とともに，一切の業務が引き継がれて現在に至っている。約710haの用地内には，事前の分布調査の結果，約220,000 m² の埋蔵文化財包蔵地があり，昭和58年度末までに全体の約68%にあたる 150,000 m² ほどについて調査が終了している。

　この地域は，西方約30kmにある支笏カルデラの噴出物を起源とする火山砕屑岩台地の東縁にあたり，地表は更新世末の恵庭岳や，完新世の樽前山の拋出物によって厚く覆われている。台地は，札幌〜苫小牧低地帯に向って東に傾斜し，西〜東にほぼ平行するいくつかの谷が刻んでいる。用地のほぼ中央を西から東に横切る美沢川は，このような谷のひとつで，低地帯南部を貫流する美々川の一支流である。美々川は，白鳥飛来で名高いウトナイト沼に注ぎ，さらに勇払川，安平川と合して苫小牧市東郊で太平洋に達する。用地内から河口までの距離は，およそ20kmである。

　美沢川は，流長3kmほどの小支流であるが，両岸には縄文時代を中心とする，先土器時代から近世にいたる遺跡が濃密に分布しており，調査対象包蔵地の85%に相当する11遺跡——約189,000 m² がこの地域に集中している。

　美々4遺跡は，このような遺跡のひとつで，美沢川左岸の台地上，斜面，川岸の低い段丘および現河床下にまたがって立地し，地番は千歳市字美々988および地先の河川敷である。遺跡は，東側を縄文時代前期の集落が発掘された美々5遺跡に接し，対岸（苫小牧市字美沢）には周堤墓6基を検出した美沢1遺跡を臨み，これらと密接な関係にあるものと理解される。

　美々4遺跡は，昭和51・55年度にも一部が調査されており，両年度合せて住居跡62，周堤墓3，周溝付土壙墓4，盛土墳墓7，土壙墓40などの遺構と655,000点以上の出土品が得られている。

　昭和58年度の調査地区は，低地を除いて台地上から斜面にかけての範囲で，面積 6,475m²。標高は 11〜24 m。層序は上位から，表土，樽前山降下軽石a層（Ta-a, 1739 A.D.），Ta-b層（1667 A.D.），第Ⅰ黒色土（Ⅰ黒）層，Ta-c層（ca. 300 B.C.），Ⅱ黒層，Ta-d層（ca. 6,000 B.C.），Ⅲ黒層，恵庭岳降下軽石a層（En-a, ca. 11,000 B.C.），ローム質土層，支笏軽石流堆積物（Spfl, ca. 28,000 B.C.）で，当年度の対象層はⅠ・Ⅱ黒層であった。調査の結果，Ⅰ黒層からは縄文時代晩期末の土壙墓27と16,000点の遺物が，Ⅱ黒層からは縄文時代前期の住居跡2，後〜晩期の住居跡11，周堤墓4または5，周溝付土壙墓2，晩期初頭の盛土墳墓7，後〜晩期の土壙墓74，Tピット10などの遺構と約200,000点の遺物が得られている。現在，報告書をとりまとめ中であるが，小稿では，このうちの主要なもの3件について紹介することとする。

1　樹皮梱包遺体を伴う土壙墓

　Ⅰ黒層下部から掘りこまれ，厚さ50cmのTa-c層を貫いて底はⅡ黒層に達する縄文時代晩期末葉の土壙墓（P-59）で，壙口の大きさは 125×110cm，深さは約70cm。壙底から，樹皮で包まれたかあるいは樹皮の容器に納められた遺体が検出され，特異な例とされた。遺体の保存状態は不良で，頭骨，下顎骨，四肢骨の一部などがかろうじて観察された。頭位は南東と考えられるが，頭骨，下顎骨などは土壙の中央に近く，かつ長骨を覆う位置にあることから，再葬の可能性も否定できない。

　梱包または容器の大きさは，約70×45cmで，高さ（深さ）は10cm以上。樹種はシラカンバ属の一種と考えられている。壙口付近に大洞A式の地方化したとみられる壺が倒立，タンネトウL式の深鉢が正立の状態で副葬され，遺体のレベルからは，扁平な泥岩に2穴を穿った垂飾？1個が発見された。

　なお，樹皮の上部（蓋部？）は失われており，側縁は火熱を受けて炭化・黒変している。また，副葬土器レベルと遺体レベルの中間の埋土中には，多量の炭化材があり，埋葬にあたって火を用いる何らかの儀式のあったことを示唆している。下顎骨の一部については，札幌医科大学第二解剖学教室において人類学的検討が加えられているが，同教室の百々幸雄助教授，鈴木隆雄講師らによれば，遺体（骨）そのものにもある程度火熱が及んでいる由である。樹皮は奈良国立文化財研究所の指導を得ながら現在保存処理中である（口絵写真参照）。
（付記）上記炭化材の ^{14}C 年代は 2370±30 y. B. P. (KSU-676) である。

83

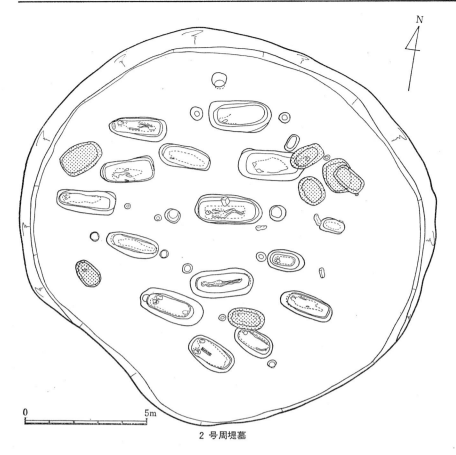

2号周堤墓

2 周堤墓と周溝付土壙墓

　周堤墓は、かつて環状土籬と呼ばれ、道内数ヵ所で存在は知られていたが、昭和52年恵庭市柏木B遺跡で、札幌大学木村英明助教授が初めて全掘し、構造が明らかにされたものである。美沢川流域においても、昭和53・55年に合わせて10基の調査経験がある。

　直径数m〜十数mの大きな竪穴を掘り、底面を平らに造成して、排土を周囲に土手のように堆積し、竪穴内に計画的に墓壙を配置する埋葬施設である。昭和58年度の調査では、不確実な1例（6号）を除いて、4基の周堤墓が発掘されている。竪穴の内径は、1号：9.5m、2号：16m、3号：10.5m、4号：(11.5m)で、それぞれ2個、15個、7個、1個の墓壙をもっている。このうち2号では、少なくとも3例の合葬があり、2体2例、3体1例である。副葬品は一般に少なく、石棒、石斧、少数の石鏃、玉類などで、土器が伴うことは非常に稀であるが、所属時期は縄文時代後期末と考えられている（口絵写真参照）。

　今回の調査で注目されたのは、従来はかならずしも区分の明確でなかった周堤墓廃止後の墓の存在である。2号には、上記の墓壙のほかに、形状・長軸方向の異なる土壙墓7個（左図中、ドットで示したもの）と盛土墳墓2個がある。これらは竪穴の覆土中から築かれており、土器、石器、玉類や漆器などの豊かな副葬品をもち、周堤上に配置された数個の土壙墓とともに後期最末か晩期初頭に編年されるものである（口絵写真参照）。3号の周堤内でも同様の土壙墓が7個確認されている。

　周溝付土壙墓は、径数m、幅および深さ数十cmの周溝をめぐらした単独の土壙墓で、昭和58年度は2基発掘された。周溝の大きさは、外縁径で5号：5.5m、7号：4mである。墓壙の形状は周堤墓のそれとよく似かよっており、副葬品も少ない。周堤墓よりは、やや後出の様式と考えられているが、両者の関連については今のところ明らかでない。

3 壙底から土偶を出土した土壙墓

　1号周堤墓の堤上から築かれた土壙墓（P-373）で、壙口の大きさは145×70cm、深さは75cm。北西隅の壙底から、うつ伏せの状態で、土偶1個が発見された。墓壙から土偶が出土するのは非常に稀なケースであろう。

　身長20cm、肩幅9.5cmほどの扁平・板状の土偶で、手足の先端はつまみ出しによりひょうきんに作り出されている。顔は温和で、両耳の貫通孔は耳飾を、後頭部の突起は髷か櫛を表わしているものと思われる。乳房は写実的に作られ、下腹部にも膨らみがある。中空の丸棒による刺突列が肩部に一周、腰部に二周施されており、衣服を表現したものであろうか。乳頭の位置と、下腹の膨部にも同じ施文具による刺突文がある（口絵写真参照）。

　なお、この土壙からは、遺体そのものは検出されていない。しかし、壙底に厚いベンガラ層を伴い、覆土は人為的な埋め戻しを示しており、壙口には小型の異形土器が置かれていたことから、墓と考えて差し支えない。土偶および土器の特徴からみて、縄文時代後期最終末か晩期初頭の所産である。

連載講座
古墳時代史
7. 古墳の変質(1)
―群集墳の階層性―

県立橿原考古学研究所研究部長
石野博信

1962年，古代学研究会は「後期古墳の研究」（『古代学研究』30）を特集した。その中で，森浩一・石部正志両氏は「従来，古墳後期のメルクマールとされた条件は，（イ）横穴式石室の採用，（ロ）須恵器の登場，（ハ）乗馬と馬具の普及，（ニ）金銅工芸品の国産化，（ホ）群集墳の全国的発生，（ヘ）前方後円墳の縮小化と減少，など」であるが，「（イ），（ロ），（ハ），（ニ）の諸条件は5世紀初頭に遡る可能性が強」いので，「後期を区別する最大の条件は，（ホ）群集墳の全国的発生であろう」と指摘された。1984年のいま，後期古墳の特質について，（1）多葬墓の普及，（2）多葬墓の群集，（3）古墳祭祀の変質の3項をもとに検討してみよう。

● 多葬墓の普及 ●

多葬墓とは，横穴式石室や横穴への多数埋葬の意味であり，森氏の（イ）項にほぼ該当する。横穴式石室と横穴は，本講座第4回で検討したとおり，5世紀中葉以降，中・北部九州の墓制として登場し，東方への伝播も認められるが，汎日本的な墓制にはなっていなかった。広汎に普及するのは6世紀に入ってからであり，それまでの単葬墓とは異質な多葬墓である点で，人々の意識の質的な変化を含むものである。

つまり，単葬墓と多葬墓の質的な差は，同一墓室への追葬の有無にある。横穴式石室・横穴などの多葬墓は同一墓室への追葬を本旨としており，それは，生者が死者の世界——黄泉の国に踏み込むことを意味している。ここに思想的な差がある。

多葬墓は，中・四国，近畿，中部，関東へと波及するが，その間には精粗があり，必ずしも一律ではない。

一例として，木棺直葬墓地帯の存在がある。木棺直葬墓とは，身体の大きさをさほど上まわらない割竹形木棺か箱形木棺を墳丘内に直接埋置する墓であり，一墳丘内に複数の棺を埋置することはできても同一棺内への追葬は難しい。一墳丘内に4棺，1棺内に2体の例は兵庫県焼山古墳群をはじめいくつか知られているので，木棺直葬墓も基本的には多葬墓と変らないという理解も可能であるが，それでもなお石室を構築しない点は一つの違いである。木棺直葬墓について森浩一氏は百済古墳の系譜を示唆され[1]，白石太一郎氏は伝統的・在地的な葬法であることを強調された[2]が，白石氏も指摘しておられる副葬品の組合わせに前代からの連続性が認められる点に合せて，伝統的棺形態である割竹形木棺と共存することなどから，後者の性格が強いものと思われる。このような観点から，森氏が早い時期に作成された和泉の後期古墳のあり方[3]をみると興味深い。

大鳥郡の陶器千塚・田園百塚，和泉郡の山田古墳群・唐国古墳群などは木棺直葬墳が多い古墳群であり，富木車塚古墳では後円部の横穴式石室に先行する5基の木棺直葬墓が埋置されているなど，「畿内」でも横穴式石室が十分に普及していないことを示している。富木車塚古墳の例からみると，木棺直葬墓が横穴式石室より時間的に先行するらしいこと，後円部の埋葬施設が横穴式石室である点から，両者に階層差があるらしいことは6世紀の前方後円墳の中心埋葬施設が木棺直葬である例がない点を含めて，両者の時間差・階層差を示すが，後述する副葬品の比較からは（特定階層を除いて）必ずしもそうは言い切れない。

大和の初期群集墳として著名な新沢千塚古墳群と石光山古墳群では，5世紀後半以降，木棺直葬

85

墓による群の形成がはじまり，横穴式石室が採用されるのは6世紀後半に入ってからであって，とくに前者では群の中心部には横穴式石室は築造されない。このことは，大和でも横穴式石室の採用が一律でないことを示し，採用の遅さが古墳群の勢力の弱さを示すものではないことを教えている。

このような地域は，加賀の粘土棺地帯[4]や木棺直葬墓の多い播磨・焼山古墳群など特定地域に認められ，多葬墓の時代の地域性，古墳群の性格差を示している。

● 多葬墓の群集 ●

群集墳の形成は，古墳時代中期中葉以降にはじまる。さらにさかのぼれば，前期古墳の段階から奈良県池の内古墳群のように小古墳の群集が認められるし，さらには方形周溝墓の段階から墓は群として構成されている。

しかし，古墳時代後期の群集墳は，単なる墓の集合ではなく，横穴式石室・横穴などの多葬墓の群集である点に質的な差がある。したがって，新沢千塚古墳群や石光山古墳群にみられる木棺直葬墓による「初期群集墳」と横穴式石室・横穴による群集墳には質的な差があるのであり，前者を「初期群集墳」と呼称すべきではない。社会の変革は，後者の群集墳形成期に求めるべきであり，それは6世紀第2四半期，あるいは6世紀中葉と考えられる。各地域における群集墳の形成は，森Ⅱ式，田辺TK47型式，中村Ⅰ期—5の須恵器の段階である。

さきに述べたように，追葬を本旨とする多葬墓群集の意味は，生者が死者の世界への踏み込みが，地域社会に定着したことを示すものであり，ここに至って，上層者のための墓——古墳が，より下層者の墓へと変質したのである。言い換えれば，古墳から墓への転換であり，それは踏み込むことができなかった世界の扉が開かれて，はじめて可能となったのである。

● 古墳祭祀の変質 ●

前・中期古墳は，単なる墓ではなくその場で首長権継承儀礼が行なわれた祭場であった。5世紀後半——雄略朝以降には，王位継承儀礼は宮の南庭で行なわれ[5]，大王墓はもはや国家的な祭場ではなくなった。大王墓の変質は，やがて各地の王墓にも及んだであろうし，王の居館の整備がこの段階から行なわれたであろうことが類推される。

西日本では，群集墳の形成とともに埴輪が主な外部表象ではなくなる。かつて，埴輪によって表象されていた祭祀が，現実の容器による墓前祭祀へと転換していく。埴輪は，様々な器物を埴土によって形象化した形代であり，王位継承にともなう神人共食儀礼が形代によって象徴されている。横穴式石室や横穴の前庭部などに認められる須恵器・土師器の多くが，集落内で使用されているものと同一であるのとは大差があり，これらは時には玄室内に持ち込まれている。古墳祭祀が，神に対するまつりから，死者——祖先祭祀へと変質したことを考えさせる。大分県上ノ原横穴群では，飲食物を納めたであろう容器類が追葬ごとに副えられた状況が，そのまま残されていた[6]。そこには，もはや地域の人々による共食儀礼を示す容器数も器種もない。このことは，横穴式石室をもつ前方後円墳においても同様である。

● 各地域の群集墳と副葬品 ●

群集墳には前方後円墳・大型円墳などの盟主的古墳を含むものと，顕著な盟主的古墳を含まないものとがある。ここでは，広い地域を比較するために，等質的な群集墳を選び，九州から東北までを局地的に比較してみよう。また，群集墳の副葬品が横穴式石室・横穴などの埋葬施設のちがいによって，差をもつかどうかをみるためにも，できるだけ同一地域の等質的な群集墳の比較は有効であろう。

（1） 北部九州の横穴式石室と横穴（表9）

北部九州では，福岡県鞍手郡の汐井掛古墳群[7]と小牧西牟田横穴群[8]を比較してみよう。

汐井掛古墳群は6世紀後半を盛期とし，1基の木棺直葬墳と37基の横穴式石室墳が調査されている。38基のうち，土器以外の副葬品をもつ古墳は17基であり，副葬品では耳環・玉類の装身具と鉄鏃が比較的多い。副葬品の組合わせには，とくに顕著な傾向は認められない。刀・馬具が少ないながら認められるが，馬具は鉸具・留金具に限られる。

古墳群は，A～Hの8小群に分けられており，そのうちB・D・Eの複室系横穴式石室をもつ小群には刀・馬具があり，小型横穴式石室からなるG群は全く副葬品をもたないなど石室構造による階

表 9 北部九州の横穴式石室と横穴の副葬品

(表は省略)

層差，あるいは時期差が認められる。

小牧西牟田横穴群は，20基35墓室からなり，6〜7世紀に築造されている。土器以外の副葬品をもつ横穴は11基14墓室あり，うち10室が耳環をもっている。刀と馬具をもつ墓室は，それぞれ4室と3室あり，中でもB地区6号イ室は2本の圭頭大刀を含む4本の大刀が副葬されていた。

汐井掛古墳群（横穴式石室）と小牧西牟田横穴群は，副葬品の上では大差がない。両者とも耳環を多くもち，玉類と鉄鏃は汐井掛が比較的多い。刀・馬具はほぼ等しいものの，小牧西牟田の方がやや優れているように思われる。

（2） 山陽の横穴式石室 （表10）

山陽では，中国山地の稷山(すくもやま)の古墳群[9]と瀬戸内沿岸の岩田古墳群[10]の副葬品を整理してみよう。

稷山遺跡群では，6世紀後半〜7世紀後半の16基の横穴式石室が調査され，うち8基に土器以外の副葬品がお

表 10 山陽の横穴式石室の副葬品

(表は省略)

さめられていた。副葬品では，刀子と鉄鏃が顕著であり，刀と馬具がそれぞれ2基の横穴式石室に認められるほか，芦ヶ

87

表11 大和の木棺直葬

谷古墳では鞍・鐙靱・鉸具を着装した馬が墳丘外の土壙に埋葬されていた。馬具をもつ芦ヶ谷古墳とコウデン2号墳は，石室全長が8mをこえていて，粳山では大型石室の部類に属する一方，石室全長3m前後の小型横穴式石室には土器以外の副葬品は認められない。

岩田古墳群では，6世紀後半から7世紀前半の9基の横穴式石室が調査され，7基に土器以外の副葬品が認められる。6世紀後半に築造された3基の比較的大きな横穴式石室（1・8・14号墳）には，馬具一式をはじめ多量の副葬品がおさめられているが，これらは群形成以前の独立墳的な色彩の強いものであるという。6世紀末か7世紀初に築造された6基（6・7・9・11・12・13号墳）についてみると，2基は土器以外の副葬品をもたず，他の4基も耳環・刀子・鉄鏃が目立つ程度であり，刀も1基にともなうだけである。

山陽の場合も，等質的な群集墳が形成される段階には，刀子と鉄鏃が主な副葬品となる古墳が主体となり，群内の少数が刀・馬具をもつことがわかる。

（3）**大和の木棺直葬墳と横穴式石室墳**（表11）

6世紀の木棺直葬の群集墳は，大和・新沢千塚古墳群，同・石光山古墳群と和泉・陶器千塚古墳群などその分布は畿内でも限られており，汎日本的にみても多くはない。

石光山古墳群[11]は，葛城山麓にあり，5世紀後半から7世紀に及ぶが，盛期は6世紀である。径15m前後の円墳がもっとも多く，小型前方後円墳と方墳を含む。埋葬施設は，箱形と割竹形の木棺が主体で，小型竪穴式石室と横穴式石室が少数認められる。土器以外の副葬品をもつ36基46棺のうち，刀子が31基36棺に，鉄鏃が24基27棺にあり，全期間を通じて両者が副葬品の主流を占め

88

ている。刀子と鉄鏃がともに副葬されているのは20基22棺である。

これにひきかえ, 直刀は10基11棺に限られ, 馬具はさらに少ない。また, もう一つの特色は, 5世紀末から6世紀中葉の古墳に鎌・斧・鋤先などの農工具類のミニチュアが多いことで, 三者を合せると8基8棺に25点副葬されている。この比率は, 河上邦彦氏も指摘されているとおり, 他の古墳群にくらべて群を抜いている。

横穴式石室の群集墳として石上・豊田古墳群[12]をとりあげよう。石上・豊田古墳群は, 奈良盆地東部にあって全長100mをこえる石上大塚・ウワナリ塚などの前方後円墳を含むが, その多くは径15m前後の円墳である。古墳群はいくつかの支群によって構成されており, ホリノオ・石峯・石上北・タキハラなどの支群が調査されている。

ホリノオ支群は, 調査支群中では石室規模が大きくて追葬も多く, 副葬品も豊富で, 各古墳に耳環・玉類・刀・鉄鏃が含まれ, 馬具も5基中3基の古墳に副葬されている。石峯・石上北・タキハラ各支群は, 中・小型の横穴式石室を主体とし, 中には小型竪穴式石室や木棺を中心埋葬施設とする古墳も少数ある。副葬品は, ホリノオ支群と異なり刀子と鉄鏃が主流となる。3支群19基のうち, 刀子は9基, 鉄鏃は11基に副葬されているが, 刀は3基, 馬具は2基に認められるだけである。

石光山古墳群と石上・豊田古墳群の石峯・石上北・タキハラ各支群の副葬品は, 刀子と鉄鏃が主体を占める点で共通し, 前者に農工具のミニチュアが多いこと, 後者は少量の馬具と鉄滓をもつ点で, それぞれ個性を示している。共通する点を重視すれば, 木棺直葬と横穴式石室という埋葬施設の差をこえた群小古墳の性格として意義づけることができるであろう。

（註は次号掲載）

考古学と周辺科学 5

植物学

植物遺体研究は考古学, 地理学, 地質学などの分野が協力して生命体として生きた植物体を総合的に把えようとする方向にある

大阪市立大学理学部助手　辻　誠一郎
（つじ・せいいちろう）

はじめに

　花粉・胞子といった微小遺体や，種子・果実・葉・材などの大型植物遺体を主な研究対象とする分野が刻々と広まりつつある。植物学ばかりか，いまや地理学，考古学，民俗学，地質学，古生物学がその主な分野に上げられるかも知れない。そして，古植生や古気候，生物層序など，植物界自身の発展史や環境の変遷史について多くの重要な資料を提供してきたことは，地質層序をかなめとする多くの成果の集積が，古環境論や時代区分論に大きく貢献していることをみても明らかである。それらの成果の集約と，その上に築き上げられた古地理やその発展論は，いくつかの概説書でも触れられてきたし，あらためて別の機会に詳述されると思われるので，ここでは，あくまで，植物遺体研究の基礎的な視点といったものを中心にとくに実践に焦点をあてて概説することとし，考古学とのかかわりについて従来までの具体的な諸問題や現状，今後の展望を述べることにした。そうすることが，植物遺体研究のあり方と，今かかえている問題，そして，考古学とのかかわりをより具体的に深く理解するのに役立つと考えられるからである。

　一口に植物遺体研究といっても，花粉・胞子などの微小遺体，同じ微小遺体でも特徴的なガラス質細胞物質植物珪酸体（プラント・オパール），種子・果実や葉，さらに木材を対象とする場合など，対象とする植物体の部位によっても植物学の分野は多様である。しかも，一般的にいって，第四紀に時代を限定すれば，花粉・胞子を対象とする花粉学は植生変遷や気候変化といった問題を古くからあつかってきたし，植物珪酸体を対象とする植物組織学は草地の発達史や稲作農耕の伝播などを主にあつかうようになってきた。種子・果実類の大型植物遺体を対象とする古果実学はフローラの復原や栽培植物の系統発生など比較的幅広い問題をあつかい，材を対象とする木材解剖学もまた，フローラの復原や木製品などの材料選択といった問題を主な課題にかかげてきた。

　こうしてみると，対象とする部位によって一見それぞれの領域の根底にある基礎も研究者のセンスもばらばらなように感じられるかも知れないが，はっきりした共通の視点がある。それは，生命体として生きたものの遺物の一部であり，だからこそ植物における多様性が歴史的側面を反映したものであるという視点である。現在生物が進化した結果であるのではなくて，動的に進化する実体としてとらえこうした視点に立つとき，植物遺体研究における現在生物の表現形質のとらえ方も，遺体を同定するという作業も，単にこれはクリだモモだという刹那的な作業には終始しないはずである。いずれにせよ，植物遺体研究において，過去のフローラや植生，さらには系統発生といったものを解き明かすには，綿密な形態学的資料の蓄積とそれらの類型だてにしっかり支えられた同定がなされなければならない。それは一見考古学には無縁のことのようにも見えるかも知れないが，両者のかかわりの中ではとりわけ重要な意味を持つと考えられる。

形態学的基礎

　対象とする植物遺体の部位のいかんにかかわらず，よくとりざたされる問題は同定である。従来の遺跡出土の種実類の収録リストをとりあげて，「これらの資料はその多くが，植物分類学を専攻

している者の本格的な調査をへておらず，再検討を要するものである。……同定という作業は，慎重の上にも慎重を期すべきものである」と警しょうしたのは粉川昭平氏であった[1]。また長年にわたりメロン仲間の系統発生をあつかってきた藤下典之氏は，遺跡出土のメロン仲間やヒョウタン仲間の種子を再検討して，従来の形態の見方や同定のふがいなさに，「一般的には種苗商の店頭から購入した種子との対比という同定方法が採られてきた」という事情を指摘した[2]。同定のための基礎とは，また粉川昭平氏のいう慎重さとは具体的にどのようなことを意味しているのか，花粉を中心に少し具体的にみてみよう。

植物体のどの部位についても，同定のための比較標本ができるかぎり豊富に設備として蓄積されていることは不可欠であるが，それらの標本は同時に植物の形態・分類学の基礎となる標本でなくてはならない。そして同定された遺体もまた，形態・分類学を支える標本である。同定をしてしまえば，あとは統計処理をしてデータ化すればそれで遺物としての役割りは終わりという感を与えるものが最近多いが，同定された遺体は，そのときから証拠標本および研究材料としての標本の使命をになう。

花粉の比較標本はこじんまりとしたプレパラートに納められるが，それら標本の原植物標本は腊葉標本として植物標本庫に保管されており，さらに生きた標本として栽培されている場合もある。そういうものをバウチャー（保証者）と呼ぶ。花粉の表現形質にもさまざまな変異があるから，その変異の性格をバウチャーから示唆される植物の生活などから理解を深める。だからこそ，標準となるような重要な原植物標本の花粉標本を作るときは，どの花を，あるいはどの花の葯を何個用いたかといった腊葉標本の形態にかかわってくる記事をバウチャーに書き残しておくことも忘れてはならないのである。そのようにして，植物体の表現形質と花粉にあらわれる表現形質の対応の理解をなおさらに深めていく。バウチャーのない花粉標本は一時的な意味しか持たない。同定された花粉標本の保存は，単一花粉標本プレパラートにしておくのが今のところもっともすぐれている[3]。なぜなら，花粉標本の入っているグリセロール・ゼリーの周囲はさらに油性のパラフィンで封じられ，保存性がきわめて高いこと，また花粉を回転させていろいろな角度から形態観察できるすぐれた利点があるからである。さらに，1個の花粉標本であるから，将来にもまた第三者にも誤解をまねくおそれがない。同花粉型の単一花粉標本プレパラートをより多く残しておくことは，遺体植物の変異やその性格を明らかにする上で，またさらに低いレベルでの同定をする上で重要であることは言うまでもない。

遺跡出土の花粉もまた，花粉標本としての使命をになうが，それにもかかわらず，明らかに同一の標本と判断される花粉標本の写真が，いくつかの異なる遺跡の発掘調査報告書にあらわれるという珍事が起きたことがある。このような例は，粉川氏のいう慎重さの意味するところとは異質な，悪質な犯罪行為である。

花粉あるいは胞子の同定にあたって重要な形質，すなわち花粉の形態・分類上重要な形質は，花粉壁あるいは胞子壁の構造とそれらの構成要素がつくるさまざまな彫紋模様である。こんなことはあたりまえのように考えられているが，見かけの形態だけを同定のよりどころにしていることがきわめて多い。というのは，現在の光学顕微鏡が光学的断面の解析（L-O analysis など）をするのにすぐれた機能を持つものが開発されているにもかかわらず，報告された花粉標本の写真や形態記載を一つ一つみていくと，こういう解析をほとんど実施していないことを示すものが圧倒的に多いのである。400倍前後の低倍率でとらえた見かけの花粉形態では，とうてい花粉の本質的な表現形質について議論することはできない。生物顕微鏡が目的的に高度なレベルに到達しているのに反比例して，その機能を充分に使いこなせない場合や，生物顕微鏡の高度な機能を要せず花粉の形態を観察できるというセンスが一般的になりつつあるところに，同定という作業が植物学から縁遠い存在になるのではないかとの危惧さえ感じさせる。

なぜそうなのであろうか。花粉分析を研究の手段とする領域は広い。ところが，一般的にいえば，おおよそ花粉分析というのは固定された技術というのにすぎず，花粉・胞子というのは環境指示者としての機械的道具というとらえ方がなされることが多いようである。そういう事情が，原植物についての知識（樹木であるのか草本であるのか，どのような生活型をとるのかなど）を持っていなくても花粉分析から古植生を復原したり，古気候を論

じたりさせる。それぞれの分野にはそれぞれ固有の課題があり，そういう事情が考古学的花粉分析とか環境考古学とかといった格づけのようなことまで強いているような感を与える。固定された技術のみが分野によっては花粉分析的基礎をなしている場合もあり，むしろ得られた花粉分析データから議論をすることのみが先行する風潮がある。

　いろいろな報告書に掲載される花粉の形態記載や，その光学顕微鏡写真は，花粉の形態や植物地理を集成していくのにきわめて多くの情報を提供してくれるので，わたしたちはたんねんにそれらをチェックする。その意味で，遺跡出土の重要な微小遺体や大型植物遺体の表現形質がよみとれる写真や記載が遺跡の発掘報告書にもっと盛り込まれる必要があるように思われる。ただ，そのようなチェックを通じてたまたまいくつかの疑問を持ったり，さらに別の私見を持つことがある。そういうときには，意見の交換を充分にしなくてはならないが，そういう議論を嫌う風潮がある。ときには議論がモラルのない行為だとされ，拒否反応を示される場合さえある。最初に述べたように，「生命体としての生きたものの遺物の一部である」という植物学の基本的な視点が，いろいろな分野への伝播過程でいったいどこに隠れてしまったのであろうか。そのような視点の消滅は，かりに考古学において同質の現象があるとすれば，石器や土器の形式のみがたい頭に立ち，人間を主体とする視点が消滅するのに似ているように思える。それは花粉にかぎったことではないのかも知れない。それぞれの植物遺体の部位が一部ではなばなしい議論のための機械的道具にすぎなくなりつつある実情の中では，ほとんどの遺体が同定できる対象であって，図鑑の絵あわせであってもすべて同定してしまうという風潮を生み出す。わかるものとわからないものを示せる精神をもつことが，論議を実りあるものにするために欠かせない。種子・果実・葉・材などの遺体はあくまで解剖学的にかたちを解析する基本的手法があり，花粉・胞子にいたっても，解剖とは一般にいわないが，壁構造の解析が基本にあるということが，自然に伝播されない状況に近づいている。

　植物遺体研究が考古学と協調してとり組んだ研究の中で，大きな話題にもなったいくつかの成果をふり返ってみると，共通して，現在植物ならびに植物遺体の形態学的基礎に支えられていること

がわかる。たとえば，日本における農耕に関する課題の中でもっとも重要な位置をしめる稲作伝播については，中村純氏のイネ科花粉の比較形態学とイネ花粉同定の一般化が研究を大きく前進させた[4]。また 1972 年来，考古学的資料の調査を採用しながらメロン仲間の系統発生学的研究にとり組んできた藤下典之氏は，メロン仲間とヒョウタン仲間の多種の現生標本の形態学と育種によって，日本における雑草メロンから数雑種が発生していく過程など，栽培植物の系統発生に関する重要な知見を得た[2]。しかし，植物遺体研究の中ではこのような例はまだ少なく，また実際に基礎になる現生標本や遺体植物標本の蓄積がまだまだ不充分であるのが現状である。

植物遺体研究の総合化

　植物遺体研究には，対象とする部位によっていくつかの分野があることはすでに述べたが，これらは有機的に密接に結びついているのであって，決して独立した別個の存在形態をとるべきではないように思われる。ところが，それぞれの分野の広がり方はちがっており，花粉分析は考古学，地理学，地質学など広い領域であつかわれるのに対して，木材遺物の解剖はほとんど植物学あるいは古生物学の領域に限定される。こうしたことが一方では，同定レベルの到達点や姿勢に極端な差異を生ずる原因にもなっている。他方，かかわりあう領域での各分野の存在形態の認識にも差異を生んでいる。たとえば考古学では，花粉分析は古植生・古気候を復原するもの，古果実学は栽培植物やフローラを明らかにするもの，プラント・オパール分析は古代稲作農耕を調べるものといったふうに，はっきりと画一的に区別されていることが多いように思われる。

　植物遺体研究はむしろそれぞれの分野が協調して，生命体として生きた植物体を総合的にとらえようとする方向に向かいつつある。対象とする部位によって，かたちとしてあらわれる表現形質の変異はちがい，一筋縄では植物体を総合的にとらえることには無理があるが，むしろそうした事実を蓄積していくことが植物にみられる諸現象を明らかにすることにつながるであろう。約 2 万年前の先土器時代の泥炭層の植物遺体のうち，花粉・種子・果実・葉・材などを，私と南木睦彦・鈴木三男両氏の 3 人で詳細に検討したことがある[5]。

そのうちのトウヒ属については，球果・葉のどれをみてもヒメマツハダ近似種の1種しか確認できなかったのに対し，材では分類学的に明瞭に分けることのできる2種が確認できた。この理由は未解決の問題として残されたが，過去に実在したフローラの解明には，植物体の遺体としてとり残された部位をできるかぎり総合的にとらえるとともに，現在および遺体植物の豊富な資料の蓄積から表現形質とその持つ意義を綿密に検討していく必要があることを強く感じさせるものであった。遺跡の発掘調査では，花粉分析の項目がいつもしっかりした位置をしめているようであるが，そのような偏向性は排除されるべきであろう。Birks, H. H. (1980)[6]のテキストをひもとくまでもなく，ボーリングコアの分析であれ，花粉などの微小遺体と大型植物遺体の分析は対応してなされるべきであろう。千葉県村田川流域での植生変遷と農耕をあつかった辻・南木・小池 (1983) の研究[7]では，たとえ予察的であれ，径2cm たらずの柱状サンプルからでも，イネ出現開始層準やその他水田雑草の産状，森林植物遺体の産状など，花粉分析と大型植物遺体分析によってかなりの情報が得られることを示した。

野外での模索

たしかに植物遺体研究は，考古学にとっての植物環境復原に多くの貢献をしてきたように見えるけれども，本質的な理解が植物遺体研究と考古学の間ではほんとうになされてきたであろうか。わたしたちはときどき遺跡の調査を通じて，考古学では植物遺体研究をいかに考古学の世界に展開しようとするのかといったことを考えてみる。しかし，いつも不鮮明なままである。というより，いつもわたしたちの興味の課題を一方的に対象としているのではないかというわびしさをさえ感じる。遺跡にたずさわる方々から，どんな結果だったか，何が言えるのかと，たてつづけに答えを要求されると，はいはいと要求されるままにお答えするふん囲気におちいってしまうこともある。多分野にわたる植物遺体研究が，そういうふん囲気の中からはでやかな論議への偏向を強いられてきた部分もひょっとするとあるのではないかと思われる。ここで，考古学とのかかわりについての模索や展望を少し具体的に考えてみよう。

植物遺体研究と考古学の共通の仕事場の一つは，おそらく発掘現場であろう。考古学においても発掘現場はあくまでフィールドワークの場であるのと同様に，植物遺体研究でもフィールドの一部である。だから私は，植物遺体研究をする人も同じ現場でともに作業がはじまるのだと考えている。すでに述べてきた偏向的な見方も，そうすることからしだいに理解が開けるように思われる。

たとえば，試料と試料採取はそのよい例かも知れない。遺跡の発掘現場からときどき送られる花粉分析試料は，わたしたちの分析の対象にはなりにくいものばかりである。花粉は酸化電位の，しかも化学的に pH の高い環境下では多くが分解してしまう。だから，風化土壌や，いわゆるローム層と呼ばれるものからは正常な花粉群は得られない。関東地方ではこの種の試料があまりに多いけれど，これを受けとったコンサルタントなどは大変な重苦を強いられる。いったい何のために分析するのかとつぶやきながらデータを出す。結論をしか要求しない体質には，こういう対応しかできないのかも知れない。試料採取はあくまでフィールドワークの一環をなすもので，長い現場調査を通じて選択されるべきものである。堆積の場や堆積物の性質を体験を通じて知識されなければ，充分な試料の選択はありえない。データの信頼性についてとかく論議されるが，同定の問題もさることながら，試料とその採取そのものに問題があることも忘れてならない。

関東地方における最近のめざましい植物遺体研究の変容の一つに，木材解剖の研究が考古学との共通の課題をもちつつ進行していることである。寿能泥炭層遺跡などへの鈴木三男氏らの着手[8]によって大幅に注目が高まった。彼らの研究は，自然流木をかなり細い低木性のようなものまで何千本というまとまった本数を検討するという点で従来の着手のし方と質的に異なる。これはフローラや植生の復原，ことに台地斜面や台地上の局地的な植物環境復原に有効性を発揮するとみられる。一方，平行して進行している木製品についての検討は，材質の選択や，用途の時代的うつりかわりなど，植物遺体研究と考古学とがおそらくひじょうにまじめに協調できる研究材料を提供するにちがいない。

こうした変容は，植物遺体研究者と考古学者が共通の作業場である発掘現場で，より積極的に理解を深めることによってこそ可能となることを示

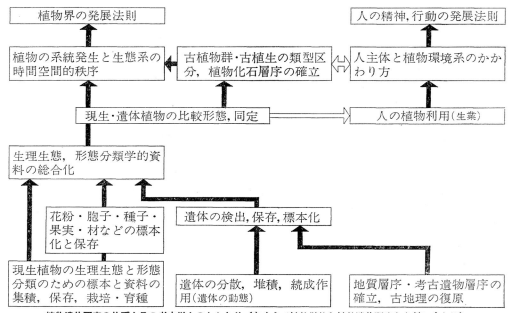

植物遺体研究の体系とその考古学とのかかわり（あくまで植物学的な植物遺体研究を主軸にすえる）

す一例である。そんな状況から，従来の植物遺体研究にも考古学にもなかった新しいビジョンが相乗的に生まれてくるのではなかろうか。現状では，木製品と自然流木の区別や，加工痕，堆積のメカニズムなどを発掘現場において徹底して検討できるほどの体制はまだまだ充分ではないようであるが，そういう体制の確立は，目前に転がっている発展的課題の中で，今すぐにでも着手しなければならない課題の一つであろう。なぜなら，人間の行為の存否をさえ明確にしえない遺体群の発掘は，人主体と植物環境系とのかかわりあいを，いつまでも間接的にしかとらえることができないという限界を自ら強いることになるからである。

しかし，植物遺体研究が考古学でどのように展開されるのかを具体化するのはまだまだ容易ではない。それは当面互いの学問体系の本質の理解を深める過程で模索されなければならないが，そのためには，植物遺体の研究者ばかりでなく，地質など諸関連領域の研究者とともに，発掘現場という共通の作業場をはやく持つことであろう。わたしたちはいま，その小さな試みをしている。花粉，大型植物遺体，材，プラント・オパール，地質層序，そして火山灰を主な研究対象とする人たちが考古学者とともに現場の作業をしている。次から次へと得られる一次データを全員にコピーしてデータコンパイルを共有する。そのようにしてみると，植物遺体研究のフィールドワークの方法にも，従来気にもとめなかったいろいろな問題が湧いて出てきた。全員が，肉眼で確認できないほどの火山灰層をもチェックできるようになった。そして何よりも，行政発掘に追い込まれている考古学のフィールドワークの実情や，その背景にある諸問題が少しずつ自分自身の身近かなものになってきた。おそらく，今までよりもっと多くの側面を持った植物遺体研究が開けていくのではないだろうか。

註
1) 粉川昭平『縄文時代Ⅲ』（日本の美術 4）p. 87-94, 至文堂, 1982
2) 藤下典之「本邦各地の遺跡から出土したウリ科栽培植物の遺体について」『考古学・美術史の自然科学的研究』p. 223-233, 1980
3) 辻誠一郎「化石花粉のための単体標本について」地学研究, 26, p. 253-257, 1975
4) 中村純「イネ科花粉について，とくにイネ(*Oryza sativa*)を中心として」第四紀研究, 13, p. 187-193, 1974
5) 辻誠一郎・南木睦彦・鈴木三男「栃木県南部二宮町の立川期植物遺体群集」第四紀研究, 印刷中
6) Birks, H. H.: Ergebnisse der Limnologie, Heft 15, 60p., 1980
7) 辻誠一郎・南木睦彦・小池裕子「縄文時代以降の植生変化と農耕」第四紀研究, 22, p. 251-266, 1983
8) 鈴木三男・能城修一・植田弥生「第Ⅳ章, 自然遺物；4, 樹木」『寿能泥炭層遺跡発掘調査報告書, 自然遺物編』p. 261-282, 1982

書評

橘 善光編
青森県の考古学

青森大学出版局
A5判 524頁
5,500円

　昭和30年代後半から40年代前半にはじまった高度経済成長にともなう開発の波は自然景観を大きく変貌させ，また埋蔵文化財を危機に瀕せしめた。あいつぐ行政発掘は大方において遺跡を史上から抹殺する結果をまねいたが，一方では全面発掘も例外としない大規模な調査は尨大な考古史料を明るみにだし，それによる新しい知識が歴史を大きく書き替えようとしていることも否めない真実である。いま各地で活躍している考古学徒は行政発掘と出土品の整理，報告書の作成に追いまくられ，本来の研究活動にまで手がまわらないというのが実情ではあるまいか。そのようななかにあって各地域ごとに集積された考古史料を駆使して，新しい視点から地域史を叙述しようという気運もようやく高まりつつあり，いくつかの成果も世に問われるにいたっている。本書もその一例で，目次はつぎのようである。
　第1章　奈良正義「青森県の地史」
　第2章　市川金丸「旧石器時代」
　第3章　市川金丸・葛西 励「新石器時代」
　　　縄文時代論であり，市川氏が草創期から中期まで，葛西氏が中期から晩期まで（葬制を中心として）を分担。
　第4章　橘　善光「弥生時代」
　第5章　北林八洲晴「古代（奈良・平安時代）」
　第6章　工藤清泰「中世（鎌倉・室町時代）」
　第7章　橘　善光「アイヌの考古学」
　本書は編者橘氏が述べているように"青森県の原始時代から近世までの考古学を総括"することを企図している。つまり考古学による青森県の通史をめざしている。各章の執筆者は県内で日常的に調査活動に従事し，したがって考古史料にもすこぶる通暁している学徒たちばかりである。それだけに各章は実証的手法によって手堅くまとめられた好論文であり，そこからうける学恩ははかりしれない。また本書によって青森県考古学の新しい動向にもふれることができる。

　県内では最近，古代の大規模集落遺跡の調査があいつぎ，その文化内容も明らかになりつつある。原則的に律令体制の圏外におかれていた当地域の文献史料は"津軽蝦夷"などが散見できる程度できわめて乏しい。しかしこのような考古学的調査の進渉にともない，その政治的状況にも解明の手がかりがえられるかも知れない。現に鳥海山遺跡では「大佛」と篦書された皿形須恵器の発見があり，それが当時の集落名をしめしているらしいことも考えられている。また"古代エミシ論"との関連も当然問題となる。第7章「アイヌの考古学」で，中世ないし近世まで津軽・下北半島にアイヌ人の居住のあったことが実証されているが，古代にあってはどうなのか，これも新しい考古学的知見がやがて解決することであろう。第6章「中世」も労作である。県内では安東氏，大浦（津軽）氏，南部氏らの拠った居城の調査が積極化し，また各地から出土する中国産・国産の陶磁器の集成もなされつつある。それらをつうじて文献史料にのみ依存する中世史から，考古史料をも大いに活用しての中世史へと新しい展望がひらかれつつある。これはいってみれば青森県のみにかぎらない全国的な新傾向でもあるが，本書が中世考古学の方法論に一つの指針をあたえることはたしかだ。
　さればといって問題点がないわけではない。まず本書が青森県の考古学による通史を企図したということについてである。もしそうであるならば，各章は独立した論文というよりはむしろ全体をとおしての，一つの流れのなかで一貫性をもって執筆されるべきではなかったか。一例をあげれば，青森県の縄文時代後・晩期は全国的見地からみても重要な意味をもつがゆえに，第3章後半で詳論された葬制についての労作もさることながら，むしろ文化全般を普遍的に概観してほしかった。あるいは第1章で創世紀の地球からはじまって現日本列島の完成までを略述しているが，第2章と重複する部分もあり，なによりもこのような記事が歴史叙述にどれほどのかかわりをもつのかについても問題があろう。もっとも地方史では通例このような内容の記事が冒頭におかれることを考えれば本書もその慣例にならったというべきか。すぐれた執筆者を揃えているだけに，通史として，また概説としての特色をもたせるべく，各章各項目の選定あるいは内容にもう一工夫あって然るべきであった。
　そうはいっても，これらはわずかの瑕瑾にすぎず，本書の刊行が有意義かつ時宜をえたものであったことにかわりはない。さらに第二，第三の『青森県の考古学』が世に問われることを，また他地域においても気鋭の学徒たちによって多くのこのような企画がなされることを期待してやまない。

（杉山荘平）

書評

古墳文化研究会編
古墳文化の新視角

雄山閣出版
A5判 320頁
4,500円

　古墳文化研究会が廃校の決った東京教育大学でうぶ声をあげたのは，1977年春のことである。正直いって余り聞き慣れぬ会だが，代表岩崎卓也氏の言葉によれば，この会は古墳時代に関して肩が凝らず，しかも率直に話しあえる小研究会で，かつインター・カレッジであることをモットーとする集まりであるという。以来，欠かさず例会がもたれ，1983年3月時点で75回，毎回意欲的で実に興味深い研究発表がなされている。このたび，その研究会活動の成果が論文集の刊行という形で実を結んだ。会員の全員執筆が果されなかったことが惜しまれるが，収録の論文8篇は，いずれも新しい研究視角を模索しながら，古墳の形式や構造，出土遺物，さらに集落論の見直し，再検討をとおして古墳時代社会の解明に迫る力作で，うち4篇は20歳代の新鮮味あふれる若手執筆者によるものである。

　まず巻頭を飾るのは本会の牽引者，茂木雅博氏の「吉備の前方後方墳」である。最新資料を加えながら当地方の前方後方墳を洗い直したもので，吉備では弥生後期の方形墓域から現われた方形墳を母胎に初期の前方後方墳が独自に発生したとし，それらの上に立ってやがて備前車塚のような，地域の枠を越えた前方後方墳が築造されたと推論する。前方後円墳によって象徴される倭政権，これに先行するものとして，かねて氏は方形墳墓群による吉備地方を中心とする政治集団の存在を想定しているが，この考えをさらに一歩進めたものである。

　松尾昌彦氏の「前期古墳における墳頂部多葬の一考察」は，墳頂部に複数の主体をもつ前期古墳35例をあげながら，副葬品の組成を検討し，鉄製武器・武具の有無ないし副葬量の多寡は，碧玉製腕飾品と銅鏃との間に相関関係が認められ，また銅鏃が多いものは鉄製武器の副葬も多いことを指摘，そしてこうした差異は，被葬者の性別にかかわるというより，むしろ故首長の性格を表わすものであって，墳頂部多葬例にみる副葬品の組み合せの差は，複数の首長による共同統治を示すものと推論する。

　蒲原宏行氏の「堅穴系横口式石室考」は，初期横穴式石室の一種で，北部九州に集中的にみられる横口式石室について概念規定の問い直しと2種8型式の分類によって，その発生と展開の実相を解明する。被葬者の階層に関連して，最も古い老司古墳以外は，第1級の古墳の主体部に採用された形跡がみられないことから堅穴系横口式石室の中心的な担い手を後に群集墳形成の主役となる有力家父長層の先駆的なものに求める。

　土生田純之氏の「東大阪市イノラムキ古墳をめぐって」は，生駒山西麓に築かれた7世紀代の古墳を紹介，検討して畿内終末期古墳の編年と年代的位置づけを行ない，畿内政権と直結する終末期古墳の性格論におよぶ。

　岩崎氏の「古墳時代集落研究序説」は，ムラを構成する基礎単位の析出や性格づけなど，当面する研究課題を述べながら南関東の竪穴住居とその集合体である集落を分析し，とくに滑石製品工房の機能の変化に着目して世帯群から世帯へと経営単位が自立化していく動態を模索する。古墳時代社会の変化に一つの見通しをたて，今後の集落研究に新たな展望をひらこうとした労作である。

　塩谷修氏の「古墳出土の土師器に関する一試論」は，関東地方における前期古墳出土の古式土師器を出土状況と器種構成の二点から考察する。墳丘の形態や規模の違いにより器種構成，出土類型に変化があり，また地域によって土器のあり方に差があることを指摘し，関東の前期古墳の編年とその社会的，政治的背景に論を進める。

　稲村繁氏の「茨城県における埴輪の出現」は，常陸鏡塚古墳出土の埴輪を手掛りに県下の古式埴輪の系譜を追究し，埴輪による古墳の編年を試み，同時に各主要河川ごとに埴輪の出現時期と特徴に地域差のあることを明らかにする。

　笠野毅氏の「清明なる鏡と天」は，漢代から三国に及ぶ中国古鏡が内包する規範，すなわち鏡の服用によって福禄寿が叶えられる理由は何かをテーマにした，75頁に及ぶ大作である。鏡銘にみる清明，あるいは清而明，清且明など関連銘文を渉猟し，釈読して鏡銘や図柄，鏡の形姿，精錬された素材などに秘められた哲学を詳細に論ずる。考古学では従来あまり取り上げられることのなかった問題であり，また便をはかって54面すべての銘文に句点，返点，送仮名などが付されているのも大変ありがたい。

　以上，紙幅の都合で寸評にとどまったが，『古墳文化の新視点』という，いささか挑戦的な書名が端的に示すとおり，各篇とも新たな発想をもとに既存の研究の見直しをめざすべく，創造的な論が展開されている。古墳時代研究に新生面をひらく著作として一読をお勧めする次第である。　（前島　己基）

書評

横田禎昭著
中国古代の
東西文化交流

雄山閣出版
A5判 255頁
2,800円

中国の考古成果が大きく喧伝され，中国と日本の往来が活発化し，遺跡・遺物を実見することが比較的容易になった1970年代後半から，日本における中国考古学の人口は確実に増加している。だが，60年代ではそうでなかった。国交が杜絶したのちも，各種の刊行物によって伝達される彼の情報ですら文化大革命によってばったりと絶えてしまった。

横田禎昭氏はこの60年代に中国考古学に踏み込み，育った世代にぞくする数少ない研究者の一人である。氏が1974年から1982年にかけてあらわした8篇の論攷をおさめたのが本書である。氏のいう東西文化交流とは従来から問題にされてきた西アジアと中国との関係でなく，中国内における中原地方と甘粛・新疆・青海地方との関係であり，8篇の論攷はいずれもこの問題に関連している。

「中国農耕文化の原初形態」「新石器時代中国の家畜」「放射性炭素測定年代による中国先史文化の編年」の3篇は，相互に関連している。文革後の中国の新石器時代研究の特色は，地方ごとに存在し交互に影響しながら展開する諸文化を正しく編年することにあった。地域的に隔離した文化を比較するとき，必然的に絶対年代の問題をさけて通れず，この年代決定に有効な役割をはたしたのが^{14}C測定年代の活用であった。氏の諸論攷がこのめまぐるしい状況のもとで成立し，新しい視角に立脚していることはいうまでもない。

仰韶文化の主要作物がアワであり，水稲耕作を否定する。また，原始的な焼畑農法ではなく，条播によるかなり進歩した農耕を主張する点はほぼ妥当である。しかし，村落共同体内の生産・消費単位の問題については，その後明らかにされた臨潼姜寨遺跡によって大幅に改めねばならない。仰韶文化期にはすでに犬・豚が家畜化し，蒙古系のアルガリ系羊の馴化は若干遅れるという。この問題でも姜寨遺跡の集落内における家畜囲い場が大いに参考となろう。

^{14}C測定年代の大幅な利用は中国新石器時代研究にとって一大進歩をもたらした。しかし，実際には種々の混乱をもまねいた。氏は応用の過程で生じたさまざまの問題に対して，正否両面からの検討を行なうが，いずれも的をいたものである。そして，考古学的な層位的対応関係，型式編年体系の樹立が重要であることを強調するが，同感である。

「甘粛・青海における先史文化の編年」ではアンダーソンの甘粛六期編年を再検討することからはじまる。中原の仰韶文化の影響のもとではじまり，この地方独特の農耕文化を形成するが，金属器時代・階級社会の段階になると分布範囲の狭い諸文化に分裂するという。風土とそれに規制される民族によって文化が停滞をよぎなくされる点は，興味あるテーマである。「仰韶文化の土器」は1980年段階までの研究成果に立脚し，中原・甘粛の仰韶文化の土器を概括したもの。入門書としては格好の文章である。紙数の関係でよぎなくされたのであろうが，もう一歩深い問題提起がほしいところ。

「河西における匈奴文化の影響」「トルコ石交易からみた中国新石器時代晩期の様相」「玉の道」は，時代をことにするが，具体的な遺物をとりあげ，中国国内における文化交流や物資の交易をテーマにしている。河西地方に展開する沙井文化の後期段階で，匈奴の青銅器が多数発見されていることに注目し，文献にいう月氏をこの文化の担手に比定する。壮大で興味をひく問題である。トルコ石が新石器時代以降，装身具や工芸品として中国各地に分散していることから，交流のルートを探ろうとする。一方，大汶口文化の墓地における副葬品の分析を通じて社会構成史的な側面に論及する。だが，原産地の確立が困難な現状で，歯切れの悪い論文になってしまったのは残念。

これに対して，漢代の玉産地が主として新疆にあることが明らかである「玉の道」はスッキリした論文になっている。前漢中山国王劉勝夫婦墓の玉衣から出発し，玉衣の遺例を検討し，玉衣の祖形を戦国時代にもとめる論法はあざやかである。しかし，さらに遡って新石器時代の葬玉まで関連さすにはまだ論証不足であろう。

日本で中国考古学を行なおうとする場合，ともすれば中国語から日本語への転換のみに終始する危険性がつきまとう。情報量が日益に増加するなかで，ともすれば研究方向を見誤りやすい近年，あくまでも独自の視点を守り，新石器時代研究に照準をさだめた氏の研究法に大いに学ぶべきである。今後の活躍に期待したい。と同時に，新たに中国考古学を志そうとする人々にとって本書がきわめて有用の書であることをつけくわえておこう。

（町田　章）

論文展望

選定委員（敬称略五十音順）　石野博信　岩崎卓也　坂詰秀一　永峯光一

宮下健司

縄文土偶の終焉
—容器形土偶の周辺—

信濃　35巻8号
p. 78〜p. 101

　縄文時代が終末を迎え，新しい弥生文化の波が西日本から押し寄せてくる頃，中部高地を中心に，極めて斉一性の強い容器形土偶が出現する。その代表例である長野県腰越出土の該土偶の実測を契機として研究史の整理・集成を行なった。形態・文様・分布・出土状態・所属時期を把え，有髯土偶・ヒト形土器・人面付土器との系統関係を探る中で，縄文土偶の終焉というテーマに遭遇した。

　その結果，容器形土偶は完存率が高く，2個対で出土する傾向が**指摘**でき，口縁の作出や胴部の**瓢**形，安定性の高い底部から容器としての色彩が強いこと。形態や文様は氷Ⅰ式・大洞A′式に伴う土偶にその祖形が求められ，弥生中期初頭の水神平式土器の段階に出現する。中部高地・東海・関東の水神平式土器の広がる範囲内に分布し，ここには該土偶の出土状態に類似した墓制が認められること。用途としては乳幼児骨の容骨器あるいは埋葬施設に伴う副葬品・神像が考えられ，縄文土偶の終焉は該土偶が新しい文化に接触しても最も変容しにくい墓制にかかわる土偶であったため弥生時代の初頭まで継承されたものと考察した。

　ただし，縄文土偶がどのような社会的背景の中で，毀される土偶から人の死や墓制と深いかかわりを持つに至ったかについては今後の課題として残された。

　土偶研究に取り組んでの所感は土偶論の素材となる資料がいずれも古く，一部を除いて研究方向がパターン化しており，かなり著名な土偶でさえ実測図がないことに驚いた。少なくとも五面そろった実測図をもとにした議論が進んでほしい。さらに，類例の少ない資料を特殊視した枠内で検討するのではなく，むしろ一般的な事例の中に土偶の属性を見出すことによって，新しい研究方向が展開できるのではないか。　　（宮下健司）

小田富士雄

九州発見朝鮮系銅鏡・銅鐸の理化学研究と考古学

古文化談叢　12集
p. 158〜p. 162

　竹田市石井入口遺跡および佐賀県二塚山遺跡発見の小銅鏡，さらに宇佐市別府遺跡発見の小銅鐸が韓国産青銅器であること。また石井入口鏡は漁隠洞B群鏡と，二塚山鏡は同A群鏡と同笵関係にあること。別府鐸は入室里第1号鐸ときわめて近似した形態・法量を示すことなどはすでに紹介した。ひきつづいてこれらの資料を理化学研究の資料に供して，山崎一雄・馬淵久夫・平尾良光3氏のところでそれぞれ鉛同位体比法による測定成果をいただいた。鉛同位体204・206・207・208の混合比（同位体比）を両軸にとるグラフで示された結果では，石井入口鏡は朝鮮遺物系列にはいる。また二塚山鏡は馬淵・平尾両氏の「規格漢タイプ」，山崎氏の「前漢鏡グループ」に位置している。すなわち日本産の弥生小形仿製鏡の大部分とも共通する中国から輸入された原料を使用しているということである。したがってこの両鏡の測定成果から，韓国における小銅鏡の製作には朝鮮系原料を使う場合と，中国系原料を使う場合があったことを推察しうるであろう。後者の場合は日本の近畿式・三遠式銅鐸や小形仿製鏡の大部分とも共通しているとされる。

　別府小銅鐸は中国東北部にあたる遼寧省地域の鉛——なかでも青城子鉱山が有力候補とされる——を使用しているというものであった。遼寧式銅剣系列が朝鮮半島・対馬・北部九州で発見されている事実，さらにこのルートや山東半島から朝鮮・北九州にいたる漢式土器・中国式銅剣の流入などを考慮するならば，韓国産小銅鐸のなかにも北方系青銅器を原料としてつくられた場合があり，上述ルートによって日本にまで到達したことになる。このルートはまた魏志倭人伝ルートとも重複している。以上の結果から，さらに韓国側でも漁隠洞小銅鏡や入室里その他の小銅鐸についての鉛同位体比測定をすすめていただくことを提唱したい。　　（小田富士雄）

野上丈助

日本出土の垂飾付耳飾について

藤沢一夫先生古稀記念古文化論叢
p. 237〜p. 292

　日本出土の43例の垂飾付耳飾は，5世紀後半から6世紀前半にかけての，金・銀色にかがやく大陸色豊かな装身具であった。朝鮮半島のように，王陵群の発掘がなされていないわが国において，現在の出土例は資料的にも軽視しがたいものがある。単純に国産・舶載説をとなえて片づけるのではなく，それぞれの垂飾付耳飾の技法・形式の検討を行ない，その系譜を追究することによって，どの地域にむすびつくのか明らかにする必要がある。

　本論では，兵庫鎖の有無によって有鎖式と無鎖式に大別し，有鎖

式耳飾が長型と短型に分類されて，それぞれ5世紀後半と6世紀前半の時期に区分されること，無鎖式耳飾が5世紀の覆輪を施したやや丁寧なつくりから単純な形式に変化すること，有鎖式，無鎖式耳飾相互に技術的関連がうかがわれることを論述した。

とくに5世紀後半に属する連枝式の有鎖式長型耳飾のうち，新沢126号墳出土の「銭差(ぜにさし)」形中間飾のように，わが国出土の耳飾のうち系譜的関連の認められない舶載品と考えられる垂飾付耳飾をのぞくと，江田船山古墳出土の連枝式耳飾例にみられるように，より複雑なものから，単条式の宝珠形垂飾付耳飾に形式的連関が認められ，より簡略化された銀製プレス突起をもつ宝珠形垂飾から金銅製宝珠形垂飾へと一連の系統性を見い出すことが可能である。

銀製花籠形連環球中間飾も，垂飾の点で円錐形，三翼形，宝珠形垂飾が，空球形中間飾をもつ江田船山例を頂点とする一連の系譜につながるものである。つまり連枝式のものに丁寧な複合した技法がみられ，そこから分離する形で単条式の耳飾が製作されている。

系譜的に隔絶した，明らかに舶載品と考えるべき耳飾をのぞくと，それぞれの組み合わせを少しずつかえて，別の形状の耳飾を意識的につくり出していると言ってよく，小規模な工房を単位の少量生産を推定させる。（野上丈助）

辰巳和弘
密集型群集墳の特質とその背景
古代学研究 100号
p. 10〜p. 18

群集墳はそれを構成する古墳の分布形態から二つに大別できる。一つは丘陵の端部や稜線上に列状をなした複数の古墳からなる小支群を形成し，それら複数の小支群により構成される小支群散在型群集墳であり，他方は丘陵傾斜面の地形的に極めて制限された範囲を造墓地として，多数の古墳が集中的に築造される小支群密集型群集墳である。本稿は静岡県中部地域を例にとり，両型の群集墳を比較するなかで，密集型群集墳の特質と，それが成立した歴史的背景を考察したものである。

まず散在型が1世紀以上にわたる群形成期をもち，自由に造墓地の占地を行ない，広い群領域をもつのに対し，密集型は6世紀後半から7世紀前葉という短い形成期しかなく，造墓地を周辺の丘陵斜面から区別できる何らかの地形上の変化を両側にもった，幅約100mの範囲を造墓地とするという特徴がみいだせる。これは密集型の造墓地に墓域が設定されていたことを明示するとともに，密集型が散在型にくらべて劣勢な立場にあることを示している。また密集型の各群集墳における最大規模の横穴式石室がいずれも同規模であり轡などの馬具を副葬する点で共通しており，その造墓集団が互いに同等の社会的位置にあった人々であり，彼らの造墓に厳しい規制が加えられたことを示している。

こうした事実は6世紀中葉以降の，広汎な新興勢力の台頭を示しており，そこに生起する散在型の造墓集団との対立・抗争を避けるため，新興勢力に墓域を設定・賜与することにより彼らの造墓要求に答えつつ，その一方で墓域や石室の規模などに対し厳しい規制を加えながら，彼らを古代国家の新たな枠組みのなかにとらえようとする支配者層の姿を顕在化させる。密集型の成立する6世紀後半は，古墳時代における大きな変動の時期なのである。（辰巳和弘）

山浦 清
オホーツク文化の終焉と擦文文化
東大考古学研究室紀要 2号
p. 157〜p. 179

道東部においてオホーツク式土器と擦文式土器との「融合型式」として知られる「トビニタイ式」については多くの議論がある。その細分は菊池徹夫氏によって試みられた。近年の金盛典夫氏による須藤遺跡，椙田光明氏によるカリカリウス遺跡の調査などを基礎とするならば，菊池氏が「トビニタイⅡ」とした土器群は一型式として認定されるが，その他，「同Ⅰ」，「同Ⅲ」とされたものは擦文式土器の一要素として理解される。したがって，「同Ⅱ」のみをトビニタイ式土器と考えこれをもってオホーツク文化最終末に位置づけようとするわけである。「トビニタイ文化」は当然否定される。道北部においてもトビニタイ式に併行し，同様に擦文式土器の影響を受けた土器群として，大場利夫氏の報告された資料を基礎として「上泊式」を提唱する。

これらトビニタイ式・上泊式に影響を与えた擦文式土器は佐藤達夫氏の編年におけるⅢ期であり，Ⅳ期以後はオホーツク海岸部に多数の擦文集落が営まれるようになる。大井晴男氏は佐藤編年Ⅲ期からⅣ期にかけて道央から道東・道北への擦文人の移動を説かれている。筆者は別の視点を提示する。この時期，北海道と東北との間の交流の密接化を背景に，道央部では東北地方と同様に，竪穴住居から平地住居への転換という現象が生じ，同時に擦文人の交易・生活活動の活発化が促されるのである。それはまた，オホーツク文化との間にある程度の緊張関係を生ぜしめることになるが，「トビニタイⅠ」，「同Ⅲ」のような要素を持つ擦文式土器が出現することは，オホーツク文化が擦文文化の中に受け入れられたことを示すわけであり，擦文文化がオホーツク文化を吸収することによって，その生活技術を採用し，その生活圏を容易に利用することを可能ならしめたのである。これがまた，道東・道北における擦文集落増大の一要因である。（山浦 清）

文献解題

岡本桂典編

◆考古学論叢　関西大学考古学研究室開設参拾周年記念　関西大学刊　1983年3月　B5判　1009頁
三尾鉄から鍬形への連想
　　　　　　　　……末永雅雄
篠山盆地の大型古墳……亥野　彊
横穴式石室築造の企画性―畿内の古墳を中心に……富田好久
古代墨の用法と源流……岡幸二郎
古墳出現期の具体相……石野博信
鉄刀の経年変化について
　　　　　　　　……勝部明生
大仏師法印康俊と赤松氏
　　　　　　　　……斎藤　孝
近畿地方縄文後期末から晩期初頭における編年分類の問題点についての一試論………藤井祐介
益田岩船考証………猪熊兼勝
関西大学所蔵茨城県椎塚貝塚資料について………角田芳明
古墳と周辺施設―古墳の墓域と喪屋遺構について………泉森　皎
飛鳥京跡（伝板蓋宮跡）の敷石と『石上山』砂岩磚……菅谷文則
大型古墳の立地について―奈良県下における前・中期古墳
　　　　　　　　……橿本誠一
文献からみた古代甲冑覚え書―「短甲」を中心として…宮崎隆旨
播磨古代祭祀遺跡の研究―水神祭祀考………中溝康則
鉈帯と石帯―出土鉈・石鉈の研究ノート………亀田　博
奈良盆地における旧地形の復原―弥生文化の展開の研究に対する基礎作業その一………中井一夫
畿内地域における前期古墳の複数埋葬について………山本三郎
武庫川南西部の弥生遺跡について
　　　　　　　　……直宮憲一
古墳時代須恵器の終焉―蓋杯からみた古墳時代須恵器終末の様相
　　　　　　　　……藤原　学
古代服制における色相序列について―天武14年服制から衣服令へ
　　　　　　　　……藤原妙子
「朱」についての一試考
　　　　　　　　……広瀬永津子

横穴式石室にみる古代出雲の一側面………土生田純之
追葬と棺体配置―後半期横穴式石室の空間利用原理をめぐる二，三の考察………森岡秀人
バルディアビァ土器の再検討
　　　　　　　　……西藤清秀
河内飛鳥観音塚古墳の検討―墳丘構築技法における類例を中心として………山本　彰
山口県綾羅木郷遺跡出土の弥生式土器………吉瀬勝康
集落ごとの木器保有形態
　　　　　　　　……渡辺　昇
古墳前期における土壙の祭祀
　　　　　　　　……上林史郎
弥生時代の煮沸形態とその変遷
　　　　　　　　……西川卓志
河内における縄文後期文化の成立
　　　　　　　　……宮野淳一
前方後円墳墳丘の発達……一瀬和夫
埋納遺物からみた古墳被葬者の性格―三角縁神獣鏡，石製腕飾類，甲冑の分析……田中晋作
搬入された古式土師器―摂津・垂水南遺跡を中心として
　　　　　　　　……米田文孝
所謂瀬戸内系の旧石器と横長剥片剥離技術伝統について
　　　　　　　　……山口卓也
古墳における壇の築成について
　　　　　　　　……網干善教
死者の書　訳註―古代エジプト語原文，第125章……波多野忠雅

◆札幌市文化財調査報告書ⅩⅩⅥ―T151遺跡　札幌市教育委員会刊　1983年3月　B5判　110頁

札幌市白石区に所在し，月寒川とラウネイ川が合流する両河川に挾まれた舌状台地の端部に位置する。縄文早期と晩期の土器・石器，土壙23基とこれらをとり囲む溝状遺構10基が検出されている。

◆青森の板碑―青森県立郷土館調査報告第15集　歴史―2　青森県立郷土館刊　1983年3月　B5判　215頁

昭和55年度より57年度の3ヵ年にわたる県内全域の板碑約280基の調査報告である。青森県における板碑の種子・偈文・真言・造立趣意についての考察・板碑一覧などよりなる。青森県の中世史解明に一助となるものである。

◆母畑地区遺跡発掘調査報告　12（上悪戸遺跡・下悪戸遺跡）　福島県文化財調査報告書第116集　福島県教育委員会・福島県文化センター刊　B5判　341頁

福島県東部石川郡の中央，石川町を流れる阿武隈川の河岸段丘上に位置する2地点の調査。上悪戸遺跡は，縄文時代の土壙74基，古墳時代から平安時代にかけての竪穴住居跡29軒，掘立柱建物跡4棟などとこれらに伴う遺物が検出されている。下悪戸遺跡では縄文早期の竪穴住居跡，奈良時代から平安時代の竪穴住居跡7軒，掘立柱建物跡4棟などが検出され，「寺」の墨書土器が出土している。

◆泉水山・下ノ原遺跡Ⅰ　1980年度発掘調査報告書　朝霞市泉水山・下ノ原遺跡調査会刊　1983年3月　B5判　146頁

東京の西部，武蔵野台地の北東部の埼玉県朝霞市泉水，荒川の支流黒目川下流域に位置する遺跡である。泉水山Ⅶ地区，下ノ原Ⅲ・Ⅳ地区の調査で，先土器時代の礫群・石器，縄文土器，弥生時代の住居跡・掘立柱建物跡が検出されている。

◆松本市新村秋葉原遺跡　松本市文化財調査報告 No.26　長野県中信土地改良事務所・松本市教育委員会刊　1983年3月　B5判　222頁

松本盆地の西にある梓川に形成された扇状地，新村秋葉原に位置する。古墳時代終末期と推定される古墳5基と，近世初頭の土座敷跡，近世初頭から中期頃までの土坑墓90基余が検出されている。

◆駿河・牧ケ谷古墳　静岡市教育委員会刊　1983年3月　B5判

83頁

静岡平野を流れる安部川に合流する藁科川の南岸の丘陵，東面した山腹に位置する5基の古墳のうち4基の調査報告である。内部主体はすべて横穴式石室であり，3基に組合せ式箱形石棺が検出されている。出土土器類より6世紀末から7世紀中葉まで営まれたものと考えられている。

◆東大寺領横江庄遺跡　松任市教育委員会・石川考古学研究会刊　1983年3月　B5判　476頁

石川県松任市の北東部の手取扇状地の中央部に位置し，東大寺領横江荘に比定されている初期荘園遺跡である。昭和45年の庄家跡の調査，同52年から55年にかけて庄家跡周辺の範囲確認調査で建物跡溝・土坑などが検出されている。文献史学・自然科学の視点からも考察され，研究篇を載せる。

◆北野廃寺発掘調査報告書　京都市埋蔵文化財研究所調査報告第7冊　京都市埋蔵文化財研究所刊　1983年3月　B5判　194頁

京都盆地の西北部湖成段丘上に位置し，広隆寺移建説，野寺常住寺説などの論争のある廃寺跡。古墳時代から室町時代の遺構・土器・瓦塼類が検出されている。北野廃寺に関連する遺構として築地と溝が検出され，「鵄室」の墨書灰釉陶器段皿が出土している。

◆飼古屋岩陰遺跡調査報告書―四国横断自動車道開設に伴う発掘調査報告　日本道路公団・高知県教育委員会刊　1983年3月　B5判　138頁

高知県中央部の吉野川水系の穴内川上流部，南に開く谷の岩陰部に位置する遺跡である。縄文時代早期・後期，弥生時代中期・後期，古墳時代の土器・石鏃379点が検出されており，石器製作跡と考えられている。姫島産黒曜石も出土している。

◆三雲遺跡Ⅳ　福岡県文化財調査報告書第65集　福岡県教育委員会刊　1983年3月　B5判　401頁

福岡県の西部の端梅寺川と川原川に挟まれた微高地に位置する。青柳種信の『柳園古器略考』に記録される遺跡。寺口・八龍・中川・堺・上覚・ヤリミゾ地区の調査で甕棺墓・石棺墓・住居跡・竪穴など弥生時代から古墳時代の遺構が検出され，遺物は土器のほか鏡・勾玉など多数出土している。

◆臼杵石仏群地域遺跡発掘調査報告書　臼杵市教育委員会刊　1983年3月　B5判　181頁

大分県臼杵市の南西部の北東を流れる臼杵川の丘陵に囲まれた谷間に位置し，臼杵石仏群として知られる遺跡である。昭和51年から57年までの7次における調査で，礎石建物跡・基壇跡・土坑・井戸・工房跡などの遺構と瓦・土器・陶磁器などが検出されており，鎌倉時代から室町時代のものと推定されている。

◆鹿児島（鶴丸）城本丸跡　鹿児島県埋蔵文化財発掘調査報告書26　鹿児島県教育委員会刊　1983年3月　A4判　267頁

鹿児島市城山町に所在し，坂元台地の先端部に位置する。鹿児島藩島津氏歴代の居館で，明治6年に焼失。約23,000 m²にわたる調査で建物跡・雨落溝・池・井戸・水利施設などが検出され，薩摩焼を主体に陶磁器・瓦塼・かんざしなど多数の遺物が出土している。検出された遺構は元禄から明治6年までのものである。

◆秋田史学　29　秋田大学史学会　1983年7月　A5判　65頁
津軽山王坊の調査概報…新野直吉

◆唐沢考古　第3号　唐沢考古会　1983年4月　B5判　52頁
佐野市「鐙塚北の山遺跡」―その2……………唐沢考古会
赤沢威・小田静夫・山中一郎著『日本の旧石器』(1980)批判
……………………出居博
藤岡町大林出土の弥生式土器
……………………矢島俊雄
佐野市越名町出土の古式土師器
……………………細谷正策
栃木県那須郡南那須町上川井ｂ(仮称)遺跡採集の縄文時代遺物
……………………上野修一

◆婆良岐考古　第5号　婆良岐考古同人会　1983年4月　B5判　79頁
田木谷遺跡出土の中期縄文式土器
……………………橋本勉
霞ヶ浦沿岸における弥生文化終末期の様相―特に貼瘤を持つ土器群を中心にして………川崎純徳
いわゆる鹿の子文書のなかの「田籍関係文書」についての覚書として……………………伊東重政
恋瀬川流域の弥生式土器(1)―石岡市東田中ぜんぷ塚遺跡出土土器について
………松本裕治・海老沢稔
茨城県免許試験場遺跡・片山遺跡採集土器報告……川又清明
常陸太田市瑞竜小学校所蔵の弥生式土器について
………高橋博之・横倉要次
新治郡玉里村栗又四箇出土の弥生式土器……………橋本勉
石岡の獅子について……桜井二郎

◆土曜考古　第7号　土曜考古学研究会　1983年7月　B5判　154頁
灰釉陶器の系譜…………吉田恵二
古代北武蔵における土師器製作手法の画期……………鈴木徳雄
安行式遺跡解題(1)―埼玉県岩槻市裏慈恩寺遺跡の分析―
……鈴木正博・鈴木加津子
黒浜式土器小考追録（その2）―上福岡市川崎遺跡第4次調査第1号住居の出土土器の研究
……………………新井和之
撚糸文土器期の竪穴住居跡―資料の集成とその解題的研究
……………………原田昌幸
子母口式土器研究の検討（上）
……………………毒島正明
邪馬台国の位置…………笹森健一

◆東京大学文学部考古学研究室研究紀要　第2号　東京大学文学部考古学研究室　1983年8月　B5判　312頁
チャシコッ分布の一分析例
……………………宇川洋
石皿・磨石・石臼・石杵・磨臼（Ⅰ）―序論・旧石器時代・中国新石器時代―……藤本強
秦葵文瓦当考…………飯島武次
中期旧石器時代の剥片剥離技法―

101

レバノン国ケウエ洞穴遺跡の石核群分析―〔下〕所謂「ルヴァロワ技法」に関連して…安斎正人
楽浪土城址の発掘とその遺構―楽浪土城研究その1……谷　豊信
オホーツク文化の終焉と擦文文化
　　　　　　　　　　……山浦　清
縄文時代後期加曾利B式土器の研究（I）―最近の成果の検討と新たなる分析………大塚達朗
メソアメリカに於けるシンボルの諸体系………狩野千秋
シンボリック・アーケオロジーの射程：1980年代の考古学の行方
　　　　　　　　……後藤　明

◆史観　第109冊　早稲田大学史学会　1983年9月　A5判 102頁
千葉県堀之内貝塚・伊豆島貝塚・三ツ作貝塚の縄文式土器―高橋俊夫氏寄贈の考古資料について
　　……桜井清彦・高橋龍三郎

◆信濃　第35巻第7号　信濃史学会　1983年7月　A5判 54頁
信濃の弥生式土器から土師式土器への変遷過程（二）
　　……星　龍象・藤田典夫・
　　　　青木利明・藤曲秀樹・
　　　　橋本裕行

◆信濃　第35巻第8号　1983年8月　A5判 161頁
縄文土偶の終焉―容器形土偶の周辺………宮下健司

◆長野県考古学会誌　第46号　長野県考古学会　1983年5月　B5判 63頁
縄文中期土偶の一姿相―いわゆる河童型土偶について…小林康男
中部高地における縄文後期初頭の土器群………平林　彰

◆長野県考古学会誌　第47号　1983年3月　B5判 43頁
縄文時代における廃屋の一様相
　　　　　　　　……金井安子
考古学への招待（6）
　　　　　　……ジェームズ・ディッズ
　　　　　　　　　　関　俊彦　訳
遺跡と文献………桐原　健
甲斐・金峰山頂出土の修験道関連遺物………小柳義男
豊野町豊野東小学校保管の縄文式土器………金井正三
諏訪盆地沖積地発見の「容器型土偶」………高見俊樹

◆古代文化　第35巻第7号　古代学協会　1983年7月　B5判 46頁
筑後国府の調査………松村一良

◆古代文化　第35巻第8号　1983年8月　B5判 46頁
慶州市朝陽洞遺跡発掘調査概要とその成果………崔　鍾圭

◆古代文化　第35巻第9号　1983年9月　B5判 46頁
A Chinese Bronze Mirror in possesion of the National Museum of Denmark（1）
　　　　　　　　……Joan Hornby
西北九州における旧石器時代石器群の編年（下）
　　　　……下川達彌・萩原博文
山城久世廃寺出土の鬼形文鬼板
　　　　　　　　……山田良三

◆古代を考える　第34号―古代伽倻の検討―　古代を考える会　1983年7月　B5判 72頁
瓦質土器の検討と意義…崔　鍾圭
伽倻地域における4世紀代の陶質土器と墓制………申　敬澈
伽倻地域の城郭について
　　　　　　　　……井上秀雄

◆古代学研究　第100号　古代学研究会　1983年7月　B5判 103頁
築造企画からみた毛野の一首長墓の性格―綿貫観音山古墳をめぐって………宮川　徏
密集型群集墳の特質とその背景―後期古墳論（1）……辰巳和弘
銅鐸鋳造年代について…藤田三郎
熊本県久保遺跡第1号石棺出土の鉄剣に附着する平絹について
　　　　　　　　……布目順郎
新たに発掘した高句麗の橋
　　　　　　……アン・ビョンチン
　　　　　　　　堀田啓一　訳
咸安・固城地方における前方後円墳発見の意義―日本の前方後円墳の源流と関連して……姜　仁求
　　　　　門田誠一　訳・要約
論評・二つの高地性集落―大和『六条山遺跡』及び河内『東山遺跡』報告書の書評にかえて―
　　　　　　　　……森岡秀人

◆ヒストリア　第100号　大阪歴史学会　1983年9月　A5判 132頁
淀川左岸低地の集落遺跡―湖北
　　　　　　　　……瀬川芳則

◆旧石器考古学　第26号　旧石器文化談話会　1983年4月　B5判 162頁
百花台遺跡発掘調査概報
　　……百花台遺跡発掘調査団
東日本細石核技術展開についての一理解………木崎康弘
中部瀬戸内地域における細石刃生産技術の検討………西村尋文
西瀬戸内における瀬戸内技法の様相………藤野次史・保坂康夫
韓国旧石器時代研究における一つの論争………東　潮　訳
矢出川遺跡採集の細石刃文化資料について………堤　隆
小鳴門海峡海底下出土の石器
　　…高橋正則・野々村拓ほか
京都市広沢池遺跡採集の掻器
　　　　　　　　……塚田良道
桜ヶ丘第1地点遺跡の舟底形石器
　　　　　　　　……佐藤良二
穴ヶ谷遺跡採集の石器二題
　　　　　　　　……有本雅己
屯鶴峯第1地点遺跡採集の石斧
　　　　　　　　……水野裕之

◆肥後考古　第4号　肥後考古学会　1983年9月　B5判 199頁
明治中期の熊本県考古学
　　　　　　　　……三島　格
太郎迫遺跡の縄文土器（1）
　　　　　　　　……富田紘一
熊本城内不開門附近五輪塔地火輪について………坂口雅柳
九州縄文土器集成………平岡勝昭
阿蘇地方の考古学………津島義昭
菊地川下流域の弥生土器
　　　　　　　　……河北　毅
熊本地方の支脚形土製品について………高木正文
長目塚古墳の埴輪………森山栄一
肥後の蔵骨器（1）
　　　　……高木恭二・古城史雄
肥後における瓦塔の一例
　　　　　　　　……田嶋　守
大矢野原の石鍋……福田正文・坂田和弘・島津義昭
肥後石鍋出土地一覧
　　　　　　……三島格・島津義昭

学界動向

「季刊 考古学」編集部編

──────沖縄・九州地方

沖縄貝塚時代の住居跡 沖縄県教育庁文化課が発掘を進めている石川市伊波の古我地原貝塚で、台地上から沖縄貝塚時代前期の住居跡や遺構が発見された。遺構は集石遺構や貝塚の一部などで、集石遺構は 5cm から 15cm の小石が並べられ、その中に炭のかたまりが認められ、下方では焼土もみられた。小貝塚にはチョウセンサザエやウミニナ、サラサバテイなどのほか、魚骨、獣骨なども見られた。これらの遺構のほかにも遺物包含層があり、奄美系の面縄東洞式、嘉徳Ⅰ式土器、沖縄の仲泊式、伊波式土器が混在して発見されたほか、石斧、磨石、敲石などが出土した。

縄文早期の集石遺構 ほ場整備事業に伴って発掘調査が行なわれた鹿児島県曾於郡志布志町内之倉（十文字地区）倉園の倉園B遺跡で、縄文時代早期とみられる集石遺構 60 基と貯蔵穴らしい連穴土壙 10 基が出土した。ほぼ完形で出土した集石遺構のうち1基は直径 1.1m の円形で、深さ 50cm、直径 25cm 大の石 200 個ほどで組まれており、石が焼けていることから炉として使われたものらしい。連穴土壙はいずれも楕円形で、2〜2.5m×0.8m、深さ 0.8〜1.2m の大きさで、ブリッジ状の区切りがあるのが特徴。こうした土壙は鹿児島市の加栗山遺跡で60余基発掘されているが、倉園遺跡の方が年代的に少し古い。集石や土壙は桜島パミス層のすぐ上の土層で、石坂、吉田、前平各式土器が出土したことから早期に位置づけられる。同遺跡からは土器・石器が約 1,400 点出土しているが、このうちには石鏃も 67 点含まれている。

宇木汲田遺跡から銅鐸の舌 唐津市教育委員会が調査を進めていた市内宇木の宇木汲田遺跡で青銅製の銅鐸の舌が発見された。舌は長さ 10.5cm、直径 1.5cm、上部に 6mm×3mm の長円形の穴があいている。朝鮮式小銅鐸の舌は九州でも確認されているが、日本製とみられる銅鐸舌が発見されたのは初めて。地表下約 60cm の弥生時代中期中葉の地層から出土したもので、同地層からは剣把頭飾（石製）も発見された。

弥生中期の銅矛鋳型 佐賀県神埼郡千代田町教育委員会が発掘を進めている同町姉の姉貝塚から弥生時代中期中頃の中細銅矛の鋳型片が出土した。鋳型は銅矛の先端部分に当っており、長さ13.8cm、最大幅 9.3cm、花崗岩系アプライトの石材で、貯蔵穴とみられる土壙の床面から須久式土器と一緒に出土した。完形品の約 3 分の 1 程度で、鋳造された矛の長さは30〜35cm くらいとみられる。石材の表面が黒く焼けており、かなりの期間使用されたらしい。同遺跡は弥生時代の海岸線付近に位置し、弥生時代と平安時代の遺構が確認されていて、小型石剣 5 点も出土している。

さらにその後になって弥生時代中期前半と推定される中細銅剣の鋳型片がみつかった。鋳型は剣の下半分で、長さ 20.5cm、幅 7.9cm、厚さ 5.0cm の花崗岩系アプライトの石材。先に出土した銅矛鋳型からさらに北側 80m の貯蔵穴床面から城ノ越式土器、須久式土器と伴出した。この鋳型で造られた銅剣は長さ 35〜40cm くらいとみられている。弥生時代中期前半という時期は春日市の大谷遺跡出土の鋳型より古い例で、近くに青銅器の工房があったと考えられる。

──────四国地方

山陰系土師器を発見 松山市北斎院の宮前川改良工事に伴う宮前川遺跡の緊急発掘調査をしていた愛媛県埋蔵文化財調査センターは先ごろ、4 世紀初頭の県内でも最古の土師器を大量に発見した。現場は岩子山と弁天山に挟まれた宮前川西側沿岸の標高約 6m の低湿地帯。A, B, C 地区にわけて調査した結果、A, B 地区から弥生時代の石剣、石包丁、分銅形土製品、土壙状遺構、溝状遺構、C 地区からは約30mにわたって列状の土師器群がみつかり、水鳥型土器や甑形土器、鼓形器台、壺、甕、高坏、埦などコンテナ 120 箱分の土師器が出土した。山陰地方にしかみられない特徴的な土器が主体を占めており、ミニチュア土器や動物形土製品も含まれていることから、祭祀遺跡である可能性も強い。さらに焼失した建造物とみられる炭化材も無数に散乱していた。

墓道状遺構を伴う後期の古墳 四国横断自動車道の建設に伴って高知県教育委員会が発掘していた南国市領石の領石古墳群で、後期の横穴式石室を伴う古墳が発見された。玄室は長さ 3.58m、幅1.8〜2.1m、羨道は長さ 2.5m、幅 1.2m の両袖式で、長さ 0.9m、幅 0.3〜0.4m の墓道状遺構も確認された。墳丘は約 12〜14m のやや楕円形をなす円墳。副葬品としては金環 5 点、管玉、勾玉、貝玉各 1 点、石製とガラス製の丸子玉 4 点、鉄製鐙、鉄製工具、鉄鏃、釘などのほか、ほぼ完形の須恵器 14 点が発見された。人骨は出土しなかったが 3〜4 代の家族墓として使われたものらしい。

平安時代の木棺墓 徳島県教育委員会は徳島市庄町1丁目の徳島大学蔵本キャンパス内にある庄遺跡の発掘調査を進めていたが、弥生時代から明治時代にかけての遺構・遺物が発見された。遺構は（1）江戸〜明治時代、（2）古墳時代〜鎌倉時代、（3）弥生時代

103

学界動向

の3面にわたって検出され、第1遺構面は東西に延びる大溝、東西・南北に延びる石敷溝などが出土し、江戸時代〜明治時代初期の農耕に関係する遺構とみられる。第2遺構面では平安時代の木棺墓と人骨のほか、大規模な水路跡から木製人形・斎串・木筒状木製品・船型木製品・曲物・土師器・須恵器など多数がみつかった。さらに古墳時代とみられる竪穴住居跡4棟、同前期の井戸跡3基などもみつかった。第3遺構面では多数の弥生時代前期の壺や甕、石器が15基の土壙状遺構からみつかったほか、同時代の土器だまり数カ所も検出された。

―――――中国地方

出雲出土の鉄剣に銘文 松江市大草町の岡田山古墳1号墳(全長約24mの前方後方墳)から出土した円頭大刀の刀身部に十数字の象眼文字があることが、奈良・元興寺文化財研究所のレントゲン調査でわかった。文字は全部で12文字あり、「各田卩臣□□□□大利□」と読めた。臣名は『出雲国風土記』に2カ所「大原郡の少領」という地位で出てくる額田部臣とみられる。この円頭大刀は大正4年に環頭大刀、丸玉、馬具、内行花文鏡などとともに出土したもので、古墳は6世紀後半の築造とみられている。銘文が刻まれた大刀は現長50cmで、刀身の先は欠けてなくなっている。大正時代の記録では刀身は約80cmあり、先の約30cmはさびていつの間にか紛失したらしい。柄は23.6cmで、柄頭には銀象眼で双鳳亀甲繋文が施されていた。氏姓制の成立時期を研究する上でも貴重な資料であり、今後の研究が注目される。

弥生末期の張り石を伴う墓群 鳥取県東伯郡関金町泰久寺で関金町教育委員会が発掘調査を進めている泰久寺中峯遺跡で、木棺墓群の下部にU字形の張り石を敷いた珍しい弥生時代末期の遺構が発見された。現場は大山池に近い山林で、尾根上に大小13基の木棺墓があり、その下部に約1,000個の張り石が3m幅で約30mにわたって確認された。木棺墓の大きいものは長さ4m、幅1.5mあり、弥生時代末期の高坏、壺、甕など20数点の土器が出土した。こうした張り石は墓域を示すものとみられるが、弥生時代から古墳時代へ移る時代の葬制を知るうえで貴重な資料となった。

―――――近畿地方

但馬の鉄刀にも銘文 昨年8月兵庫県養父郡八鹿町小山の箕谷古墳群の中の箕谷2号墳から出土した鉄刀に象嵌文字があることが奈良国立文化財研究所のX線調査でわかった。同古墳は4基の群集墳中の1つで、6世紀末の横穴式石室を有する直径15mの円墳である。副葬品は土器類をはじめ、5本の鉄刀、鉄鏃、馬具、耳環などである。銘文のあった金銅装大刀は長さ68cmの完形品で、文字は「戊辰年五月□」と読めた。戊辰年は西暦548年、608年などが考えられる。またこれまで発見された銘文のある刀剣と比べて文字がやや繊細なのが特徴である。なお箕谷古墳群は八木川水系に分布する8つの古墳群の1つで、5〜6世紀の円墳など古墳7基のほか、弥生時代の高地性集落、平安時代の掘立柱建物跡なども確認されている。

5世紀の甲冑、完形で出土 兵庫県神崎郡香寺町田野の法華堂2号墳から5世紀後半ごろの甲冑の完形品が発見された。市川の中流域に位置する同古墳は昨年10月末に偶然発見されたもので、甲冑は長さ2.2m、幅0.5m、深さ0.4mの箱式石棺から出土した。甲は鉄製の衝角付きで、また冑は短甲式とよばれるタイプ。同時期の甲冑は姫路市宮山古墳などで出土しているが、今回のように腐食せずに残っていたのは初めての例。また玉砂利を敷きつめた床に頭を北にして埋葬された人骨も出土した。残っていたのは頭骨の一部と顎骨だけだが、両脇に鉄刀(長さ約1m)が1本ずつ副えられ、鉄鏃約60本が束ねて腰の辺りにおかれてあったほか、刀子もみつかった。

処女塚は前方後方墳 神戸市東灘区御影塚町東明にある国指定・処女塚(おとめづか)はこれまで前方後円墳とされていたが、最近の調査で前方後方墳であることが明らかになった。同古墳は石屋川下流の西岸にあり、全長65m、4世紀後半の築造とみられている。近年雨などで土砂が流れ出したため、神戸市教育委員会では5年前から整備にとりかかっていた。古墳自体の傷みがひどく十分な資料がえられなかったが、後円部とされていた西側を掘ったところ、葺石が約10mにわたってほぼ直線上に並んでいるのがわかり、方形とみてほぼ間違いないことが判明した。なお、スタンプ文の土師器もみつかった。

土器の出荷場跡 豊中市教育委員会が発掘調査を進めていた豊中市本町1丁目の本町遺跡で、生焼けや焼けひずみのある須恵器、土師器が大量に出土した。土器は溝や土壙から出土したもので、古墳時代後期の壺や甕、高坏など。ほとんどが生焼けや焼けひずみがあり、また窯壁の一部が付着していたものもあった。約1km離れた桜井谷一帯に桜井谷古窯跡群があることから、桜井谷窯で焼いた土器を近くの千里川から猪名川を利用して各地に出荷していた流通センターのような場所で、土器は投棄されたものと考えられる。

大規模な墓地群を発見 大阪市平野区長吉出戸，長吉長原両地区にまたがる城山遺跡で，近畿自動車道吹田・天理線建設に伴う大阪府教育委員会・(財)大阪文化財センターの発掘調査が行なわれ，弥生時代中期の方形周溝墓群と古墳時代の方墳が発見された。南北1kmにわたって幅10mのトレンチを10カ所に入れたところ，最北部分から溝を共有した方形周溝墓12基がみつかったもので，うち1基は12×8m，高さ1.5m。同遺跡の北約100mにある亀井遺跡でも同様の方形周溝墓群がみつかっていることから，亀井遺跡と連続した大墓地群だったとみられている。また5世紀後半から6世紀初頭の方墳4基も発見された。いずれも一辺6〜8mで，うち2基には円筒埴輪や朝鮮系の土器が副葬されていた。古墳時代のごく初期の段階に位置する遺構とみられている。

鉄鋌20枚出土 橿原市教育委員会が発掘調査を行なった橿原市南山町の島山古墳から鉄鋌が20枚以上重なり合って発見された。同古墳は5世紀中頃，直径約18mの円墳で，木棺か木櫃を埋納したとみられる長さ約2m，幅1.2mの穴から出土した。長さ約20cm，中央部がくびれて両端部が広がっており最大幅6cm，厚さ約3mm。朝鮮半島南部で出土している須恵器の騎馬人物形土器に似た破片や鉄製槍，鉄鏃なども出土した。戦後間もなく奈良市のウワナベ古墳の陪塚大和6号墳から小型鉄鋌が約900点出土しているが，最近の大量出土は珍しい。

台状墓11基を発掘 京都府中郡大宮町は平安博物館に依頼して，同町善王寺の小池古墳群を発掘していたが，弥生時代の方形台状墓2基と古墳時代の台状墓11基（方形5基，円形6基），土壙墓13基が発見された。現場は標高60mの丘陵地で，方形台状墓は東，西尾根に，円形台状墓は南，北の尾根と区域をわけて分布していた。また方形台状墓は副葬品が皆無状態だったのに対して，円形台状墓では鉄刀，鉄鏃，鉄鉇や甕などの土器片計約100点が墓壙内や周辺から出土した。さらに北西尾根の斜面では，土壙墓群につづく幅2〜4m，長さ約20mの階段状遺構も発見されたが，これは祭場跡と考えられている。

大規模な郡衙跡 滋賀県高島郡今津町日置前の日置前遺跡で今津町教育委員会による発掘調査が行なわれ，奈良時代前期から平安時代中期にかけての郡衙跡とみられる大規模な遺構が発見された。約2万m²内から発見されたのは掘立柱建物跡70棟，柵跡4カ所，井戸1基，溝10条，土壙数十基などで，1町四方の柵に囲まれた中から正殿，脇殿とみられる柱跡が左右対称形に並んでいるのが確認された。この正庁の南東部には半町四方の柵跡が2カ所あり，中に倉庫跡が，さらにその南東には溝で区画された1町四方の建物群跡があり館舎とみられる。また西側には郡寺とみられる白鳳期の寺院跡も先にみつかっている。出土品としては大量の須恵器や土師器，陶器，墨書土器，瓦，木簡，斎串などがあり，官衙的な性格をもっている。

――――――中部地方

真脇遺跡から彫刻入り木柱 石川県鳳至郡能都町に所在する真脇遺跡の発掘調査は，昨年末に終了したが，その直前にトーテムポール状の大きな彫刻入り木柱が発見され，注目されている。出土したのは縄文時代前期末の層からで，大量のイルカ骨を取りあげた際に明らかになったもの。長さ2.5m，最大径45cmの丸太で，上半に楕円形とこれを左右から取り囲む二重の三日月形の円弧などを彫り込む。また底部を尖らせており，地中に突き立てたとみられる。盛岡市・蒔内遺跡（縄文後期）では，人面を彫った丸太が出土しているが，長さ65cm，直径10cm程度。出土状況から，イルカの霊を祭り，豊猟を願ったイルカの魂送りの祭祀具とみるむきもある。

漆塗りの須恵器と引っかき技法による漆器 石川県鳳至郡穴水町の西川島遺跡群の白山橋（しらやまばし）遺跡から7世紀中頃とみられる漆塗りの須恵器が発見された。底部径6cmの坏の内側に薄い茶黒色の漆が塗られたもの。また薄手の木地に黒漆を塗り，内面の真中に赤漆で「大」の字を入れた銭文様が描かれた漆器小皿2点もみつかった（13世紀後半〜14世紀前半）。前者は北陸の漆工技術の古さを立証するものとして貴重な資料であり，後者は人間国宝大場松魚・赤地友哉氏の鑑定によって極めて珍しい引っかき技法によるものであることが明らかとなった。中尊寺金色堂に次ぐ古い例である。白山橋遺跡ではこれまで鎌倉時代後期のミニチュア獅子頭や木製人形・鳥形・舟形・鏑矢・斎串などを含む祭祀遺物34点が出土したほか，白鳳・奈良時代の住居跡につくられた貯蔵穴からナラとシイの実物1,200m³が発見された。飢饉に備えた救荒食とみられている。

栃原岩陰の第2期調査 長野県南佐久郡北相木村教育委員会では発掘調査団（香原志勢団長）に委託して栃原岩陰遺跡の第2期調査を行なっていたが，炉跡や骨角器など多数が出土した。今回調査されたのは昭和40年から51年まで発掘された岩陰の東上方の部分で，炉跡3基，骨角器約10点，石鏃・凹石などの石器約50点，土器，黒曜石片などのほか，シカやイノシシの骨がたくさん出土し

学界動向

た。第1期調査の出土遺物は縄文時代草創期と早期に限られていたが、今回はさらに前期、中期の土器も出土し、時間的な広がりが認められた。

井戸尻期の集落 山梨県埋蔵文化財センターが発掘調査を行なった東八代郡境川村小黒坂の一の沢遺跡で、縄文時代中期中葉の土器（藤内式、井戸尻式）・土偶、後期前半の敷石住居跡などが発見された。遺跡は標高420mの西北方向に張り出した台地上に位置する。調査されたのは幅10m、長さ250mという狭い範囲だったが、住居跡が11軒みつかった。縄文時代前期末1軒、中期中葉〜後葉9軒、後期前半の堀之内式期1軒で、後期のものは最大1.0×0.5mの平石を使った敷石住居跡で、平面プランが六角形の居住部に入口がついた柄鏡形のもの。また土壙が約100基みつかったが、前期末の土壙には朱色に塗られた土器の上に石皿で蓋をしたものや、中期中葉の土壙からは土器　土偶などもみつかった。同遺跡では井戸尻式期の住居跡が東と西に80mの間隔で存在し、その間に墓とみられる土壙群があることから、馬蹄形か環状集落の一部と推定される。

中世の土壙墓650基 県企業局の宅地造成建設に伴って発掘調査が行なわれた静岡県庵原郡富士川町北松野の中野遺跡から縄文、弥生、平安、鎌倉・室町時代の遺構・遺物が発見された。現場は中野台地とよばれる所で、住居跡は縄文時代晩期2軒、弥生時代27軒、平安時代2軒、さらに弥生時代後期の方形周溝墓3基、中世の土壙墓650基など。方形周溝墓は2カ所に陸橋のあるもので、火山灰におおわれており、ガラス製勾玉2点も出土した。中世の土壙墓は甲斐武田氏に亡ぼされた荻一族との関連も考えられる。

―――――関東地方

細石刃400点出土 神奈川県立長後高校の建設に先立ち、県立埋蔵文化財センターによって調査が行なわれていた藤沢市長後の代官山遺跡で細石刃や隆起線文系土器などが発見された。細石刃は約400点出土したが、これだけまとまって発見されたのは関東でも初めての例。縄文時代草創期の隆起線文系土器は直径12cmほどの深鉢で復元が可能。さらに横穴墓15基と古墳1基、古墳時代の住居址1軒がみつかった。横穴墓は7世紀初頭から中頃のもので、3基は土をくりぬいた造り付け石棺であった。これらの横穴墓からは人骨約14体のほか、土師器、須恵器、耳環、直刀、鉄鏃、勾玉、管玉、切子玉、丸玉、ガラス小玉などが多数副葬されていた。

下総国分尼寺跡の調査 市立市川考古博物館が実施した、下総国分尼寺跡（市川市国分3・4丁目）の第2次調査で、伽藍を区画する溝が発掘された。現在尼寺公園として保存されている金堂・講堂跡の東側から発見されたもので、深さ1.8m、幅3m前後を測る。空堀で、伽藍地を区切ったものと考えられるが、回廊の有無に関しては、今回の調査では明らかにされていない。溝からは、瓦・土器が出土している。

井草式期の住居跡 栃木県文化振興事業団が発掘している宇都宮市鐺山町の清原地区県立学校用地内遺跡で縄文時代早期前半の井草式期の住居跡が発見された。住居跡は10カ所の井草式土器片のユニットのうちの1カ所でみつかったもので、柱穴は直径40cmのものが3カ所と直径15cmのものが10カ所あった。直径約3mの隅丸方形プランの住居跡の3分の1ほどが残っていた。床面には井草式土器が60片ほどあり、器形復元に期待がもてる。この時期は北関東では空白となっていただけに礫器などの石器類とともに貴重な資料となった。

平安時代の「物部私印」発見 高崎市矢中町の矢中村東遺跡では、矢中中学校（仮称）の建設に伴って高崎市教育委員会が発掘調査していたが、平安時代に物部氏が使ったとみられる「物部私印」を発掘した。遺物は、1108年の浅間山大噴火の際降下したB軽石層の下に平安時代の水田の水利遺構があり、私印は水路の底からみつかった。私印の大きさは3.7cm四方で、鈕の頂上までの高さ4.2cm。水路ができた年代は付近から出土した墨書土器片などから9〜10世紀とみられる。私印に関する詳細は今後さらに検討を要するが、年度末には発掘調査の概要報告が成される予定である。

―――――東北地方

平安期の竪穴住居跡20軒 秋田県教育委員会が緊急調査を行なっていた能代市浅内の上の山Ⅱ遺跡で、平安時代の竪穴住居跡20軒が発見された。住居跡は一部重複していたが、中には一辺9.1m（SI 18）という大きなものもあった。出土遺物としては土師器坏、甕、須恵器甕、壺、瓶のほか、長さ49.4cmと35.5cmの刀剣2振が発見された。SI 18は焼失家で現在炭素による年代測定が行なわれている。また火山灰も検出され、分析の結果、苫小牧火山灰であることが判明した。

―――――北海道地方

続縄文期の鉄片 苫小牧市植苗のタブコブ遺跡A地区で、続縄文時代の墓から鉄片の付着した石が発見された。同遺跡は国道36号線沿いの標高18mほどの東向きの台地上にあり、苫小牧市教育委員会が発掘調査を行なっていた。

縄文時代晩期の墳墓や続縄文時代の42基に及ぶ墳墓群，さらにアイヌ期の遺構がみつかったが，9基の恵山文化期の墳墓のうちの1基から鉄片が出土したもの。長さ6cm，幅3cm，厚さ1cmほどで，今のところ鉄製品の種類はわかっていない。そのほか，クマを象った装飾付の恵山式土器や，アイヌ期の遺構からはエゾシカやタヌキの骨を集めたピットが発見された。

──────学会・研究会ほか

国史跡に新しく8件指定 文化財保護審議会（小林行雄会長）は3月9日，新たに国の史跡に8件を指定するよう森文部大臣に答申した。今回の指定が決定すると国の史跡名勝天然記念物は2,373件となる。
○旧島松駅逓所（北海道石狩支庁広島町）明治以後，最も早く設置された駅逓所の1つ。
○旧鐙屋（山形県酒田市中町）江戸時代末期に建てられた大廻船問屋の遺構。
○長者ヶ平遺跡（新潟県佐渡郡小木町）縄文時代前期から後期初頭にかけての集落遺跡。
○伝堀越御所跡（静岡県田方郡韮山町）1457年，8代将軍足利義政の弟政知が築き，1491年北条早雲に滅ぼされた堀越御所の一部とみられる遺構。
○野路小野山製鉄遺跡（滋賀県草津市野路町）木炭窯や製鉄炉，大鍛冶場，工房群などを備えた奈良時代の製鉄遺跡。
○岡山城跡（岡山市丸の内，後楽園）幕末まで池田氏の居城となった近世城郭の遺構で，本丸跡，二の丸跡の一部と後楽園を指定。
○有岡古墳群（香川県善通寺市善通寺町，生野町）4世紀から6世紀にわたって築造された歴代の首長墓群。
○仲原遺跡（沖縄県中頭郡与那城村）沖縄貝塚時代中期の集落跡。

また，同審議会は3月24日，考古資料として次の7件を重要文化財に指定するよう答申した（括弧内は所有者または保管者）。
○袈裟襷文有鐶銅鐸（辰馬考古資料館）
○突線袈裟襷文銅鐸＜名古屋市瑞穂区出土＞（同）
○袈裟襷文銅鐸（同）
○土偶頭部＜盛岡市繋荊内遺跡出土＞（文化庁）
○上野千網谷戸遺跡出土品（群馬県桐生市）
○袈裟襷文銅鐸＜岡山県井原市出土＞（辰馬考古資料館）
○袈裟襷文銅鐸（同）

日本考古学協会第50回総会 4月29日（日），30日（月）の両日，東京・千代田区の法政大学市ケ谷本校舎にて開催されることになった。29日は9時より総会，13時30分より記念講演会，30日は9時より研究発表が行なわれる。また図書頒布は30日10時から16時まで開かれる。

昭和59年度日本文化財科学会大会 3月19日（月），20日（日）の両日，東京・文京区の後楽園会館において開催された。坪井清足奈良国立文化財研究所所長による講演「文化財の自然科学的研究に望む」のあと，次の研究発表が行なわれた。

Ⅰ．年代測定
中峰旧石器遺跡のＴＬ年代測定
　　　　　　……………市川米太
たたら遺跡の考古地磁気法による年代測定…伊藤晴明・時枝克安
堆積残留磁化測定による先史時代の地磁気永年変化……広岡公夫
　　　　　　樺木威安・酒井英男・関本勝久
年輪年代法　1………野田真人
谷川元成・東村隆子・東村武信
年輪年代学の最近の成果
　　　　　　…………光谷拓実

Ⅱ．古環境
縄文時代遺跡から出土したゴボウ，アサの種実について
　　　　　　…………笠原安夫
プラント・オパール分析による水田址の探査とその問題点
　　　　　　…………藤原宏志
シカの齢構成とその変動要因について………………小池裕子

Ⅲ．材質・技法・産地
蛍光Ｘ線分析による石器原材の産地推定……藁科哲男・東村武信
縄文時代遺跡出土の黒曜石石器の産地推定…………二宮修二
大沢真澄・Ｊ．Ｅ．キダー・小田静夫・中津由紀子
5〜6世紀の大阪陶色産須恵器の移動（第1報）………三辻利一
矢島宏雄・池畑耕一・青崎和憲
高橋与衛門
姫谷古窯出土品の放射化分析
　　　　　…河島達郎・松野外男
日本出土青銅器などの鉛同位体比………山崎一雄・樋口隆康
室住正世・中村精次・猪股康行
鉛同位体比による日本上古・銅製品の産地推定
　　　　　…馬淵久夫・平尾良光

Ⅳ．保存科学
木質文化財の硼素化合物による安全防虫処理工法………森　八郎
漆塗膜の密着強度に関する実験的研究…………西浦忠輝
辛亥銘鉄剣の銘文研ぎ出しについて……………西山要一
　　　　　安井敏子・増沢文武
辛亥銘鉄剣の展示について
　　　　　…………江本義理

Ⅴ．その他
前方後円墳データベースＲＥＤＡＴＯの構築………小沢一雅

―第8号予告―

特集　古代の鉄を科学する

1984年7月25日発売　総108頁　1,500円

- 古代日本における製鉄の起源と発展……………佐々木稔
- 鉄器の変遷と分析
  - 弥生文化と鉄………………橋口達也
  - 畿内における古墳埋納鉄器の変遷………………野上丈助
  - 古墳出土鉄器の材質と製法………………佐々木稔・村田朋美
- 古代東北アジアの鉄鉱石資源……窪田蔵郎
- 古墳供献鉄滓からみた製鉄の開始………………大沢正己
- 製鉄炉と鉱滓の分析
  - 製鉄炉跡からみた炉の形態と発達………………潮見浩・土佐雅彦
- 関東地方の製鉄遺構……………穴沢義功
- 製鉄遺跡で採取される鉄滓の組成………………桂敬
- 古代刀再現に必要な地金………隅谷正峯
- "えぞ"文化と擦文文化
  - 東北北部の鉄器文化…高橋信雄・赤沼英男
  - 擦文文化と鉄器………………菊池徹夫

―――

- <講座>古墳時代史8……………石野博信
- <講座>考古学と周辺科学6―鉱物学
  ………………交渉中
- <調査報告>　<書評>　<論文展望>
- <文献解題>
- <学界動向>

編集室より

◆復元による時代生活の認識は，考古学ではとくに重要な課題のひとつであるにちがいない。個別的な研究がある程度進むと，それらを総合した世界をみたくなったりするのも，これまた当然な学問的欲求というべきだろう。

本誌の特集も，この交互の主題の繰り返しによって成り立っているといってもいいようである。日本考古学史上でとくに深く進んでいると思われる縄文時代の共同体様態の復元は広く，学際的な領域のひとびとにも興味あるものと思うのだが。　（芳賀）

◆大規模な発掘が進むとともに縄文時代の住居址も1遺跡内から100軒，200軒という大きな数で検出されるようになった。集落を構成する住居がそれに伴う貯蔵穴や墓壙，あるいは集石などとともに生きた人間の活動の場として大きな眼でとらえられるようになってきたわけである。

表紙に紹介した千葉市の加曽利貝塚を例にとっても貝塚，居住地，生産地，祭祀場があり，狩猟漁撈の場も含めると，縄文人の活動の舞台はさらに広がっていきそうで，集落のとらえ方もこれまで以上に拡大して考えなければならなくなってきた。　（宮島）

本号の編集協力者――林　謙作（北海道大学助教授）
1937年東京都生まれ，東北大学大学院修了。「縄文期の葬制」（考古学雑誌 63―3）「美々4の構成」（芹沢長介先生還暦記念考古学論叢）「柏木B第1号環状周堤墓の構成と変遷」（北海道考古学19）などの論文がある。

■ 本号の表紙 ■

加曽利貝塚の全景（北上空より）

直径130mの環状をなす北貝塚（写真下）と直径170mの馬蹄形をなす南貝塚（写真上）が連結して8字形を呈し，日本最大の規模の大型貝塚を擁する加曽利貝塚は，その周辺に縄文早期の炉穴をはじめ，前期の住居址，中期から晩期にかけての住居址および点在貝塚を伴った一大集落遺跡である。なお，この東傾斜面からは長軸19m・短軸16m，3重にめぐる柱穴列を有する巨大な竪穴遺構などが発見されており，埋葬や祭祀の遺構や遺物が集中して発見されることから，一般の集落とは異なった特殊な存在と思われる。最近南貝塚南接の工場（写真上端）が撤廃され，その周辺地形と共に保存が要望されている。　（後藤和民）

▶本誌直接購読のご案内◀

『季刊考古学』は一般書店の店頭で販売しております。なるべくお近くの書店で予約購読なさることをおすすめしますが，とくに手に入りにくいときには当社へ直接お申し込み下さい。その場合，1年分 6,000円（4冊，送料は当社負担）を郵便振替（東京 3-1685）または現金書留にて，住所，氏名および『季刊考古学』第何号より第何号までと明記の上当社営業部までご送金下さい。

季刊 考古学　第7号　　1984年5月1日発行
ARCHAEOLOGY QUARTERLY　　定価 1,500円

編集人　芳賀章内
発行人　長坂一雄
印刷所　新日本印刷株式会社
発行所　雄山閣出版株式会社
〒102　東京都千代田区富士見 2-6-9
電話 03-262-3231　振替 東京 3-1685

◆本誌記事の無断転載は固くおことわりします
ISBN 4-639-00341-2　printed in Japan

季刊 考古学 オンデマンド版 第7号		1984年5月1日 初版発行	
ARCHAEOROGY QUARTERLY		2018年6月10日 オンデマンド版発行	
		定価（本体 2,400 円 + 税）	

　　　　　編集人　　芳賀章内
　　　　　発行人　　宮田哲男
　　　　　印刷所　　石川特殊特急製本株式会社
　　　　　発行所　　株式会社　雄山閣　http://www.yuzankaku.co.jp
　　　　　　　　　　〒102-0071　東京都千代田区富士見2-6-9
　　　　　　　　　　電話 03-3262-3231　FAX 03-3262-6938　振替 00130-5-1685

◆本誌記事の無断転載は固くおことわりします　　ISBN 978-4-639-13007-9　Printed in Japan

初期バックナンバー、待望の復刻!!
季刊 考古学 OD　創刊号〜第50号〈第一期〉

全50冊セット定価（本体 120,000 円＋税）　セット ISBN：978-4-639-10532-9
各巻分売可　各巻定価（本体 2,400 円＋税）

号　数	刊行年	特　集　名	編　者	ISBN（978-4-639-）
創刊号	1982年10月	縄文人は何を食べたか	渡辺 誠	13001-7
第2号	1983年1月	神々と仏を考古学する	坂詰 秀一	13002-4
第3号	1983年4月	古墳の謎を解剖する	大塚 初重	13003-1
第4号	1983年7月	日本旧石器人の生活と技術	加藤 晋平	13004-8
第5号	1983年10月	装身の考古学	町田 章・春成 秀爾	13005-5
第6号	1984年1月	邪馬台国を考古学する	西谷 正	13006-2
第7号	1984年4月	縄文人のムラとくらし	林 謙作	13007-9
第8号	1984年7月	古代日本の鉄を科学する	佐々木 稔	13008-6
第9号	1984年10月	墳墓の形態とその思想	坂詰 秀一	13009-3
第10号	1985年1月	古墳の編年を総括する	石野 博信	13010-9
第11号	1985年4月	動物の骨が語る世界	金子 浩昌	13011-6
第12号	1985年7月	縄文時代のものと文化の交流	戸沢 充則	13012-3
第13号	1985年10月	江戸時代を掘る	加藤 晋平・古泉 弘	13013-0
第14号	1986年1月	弥生人は何を食べたか	甲元 真之	13014-7
第15号	1986年4月	日本海をめぐる環境と考古学	安田 喜憲	13015-4
第16号	1986年7月	古墳時代の社会と変革	岩崎 卓也	13016-1
第17号	1986年10月	縄文土器の編年	小林 達雄	13017-8
第18号	1987年1月	考古学と出土文字	坂詰 秀一	13018-5
第19号	1987年4月	弥生土器は語る	工楽 善通	13019-2
第20号	1987年7月	埴輪をめぐる古墳社会	水野 正好	13020-8
第21号	1987年10月	縄文文化の地域性	林 謙作	13021-5
第22号	1988年1月	古代の都城—飛鳥から平安京まで	町田 章	13022-2
第23号	1988年4月	縄文と弥生を比較する	乙益 重隆	13023-9
第24号	1988年7月	土器からよむ古墳社会	中村 浩・望月 幹夫	13024-6
第25号	1988年10月	縄文・弥生の漁撈文化	渡辺 誠	13025-3
第26号	1989年1月	戦国考古学のイメージ	坂詰 秀一	13026-0
第27号	1989年4月	青銅器と弥生社会	西谷 正	13027-7
第28号	1989年7月	古墳には何が副葬されたか	泉森 皎	13028-4
第29号	1989年10月	旧石器時代の東アジアと日本	加藤 晋平	13029-1
第30号	1990年1月	縄文土偶の世界	小林 達雄	13030-7
第31号	1990年4月	環濠集落とクニのおこり	原口 正三	13031-4
第32号	1990年7月	古代の住居—縄文から古墳へ	宮本 長二郎・工楽 善通	13032-1
第33号	1990年10月	古墳時代の日本と中国・朝鮮	岩崎 卓也・中山 清隆	13033-8
第34号	1991年1月	古代仏教の考古学	坂詰 秀一・森 郁夫	13034-5
第35号	1991年4月	石器と人類の歴史	戸沢 充則	13035-2
第36号	1991年7月	古代の豪族居館	小笠原 好彦・阿部 義平	13036-9
第37号	1991年10月	稲作農耕と弥生文化	工楽 善通	13037-6
第38号	1992年1月	アジアのなかの縄文文化	西谷 正・木村 幾多郎	13038-3
第39号	1992年4月	中世を考古学する	坂詰 秀一	13039-0
第40号	1992年7月	古墳の形の謎を解く	石野 博信	13040-6
第41号	1992年10月	貝塚が語る縄文文化	岡村 道雄	13041-3
第42号	1993年1月	須恵器の編年とその時代	中村 浩	13042-0
第43号	1993年4月	鏡の語る古代史	高倉 洋彰・車崎 正彦	13043-7
第44号	1993年7月	縄文時代の家と集落	小林 達雄	13044-4
第45号	1993年10月	横穴式石室の世界	河上 邦彦	13045-1
第46号	1994年1月	古代の道と考古学	木下 良・坂詰 秀一	13046-8
第47号	1994年4月	先史時代の木工文化	工楽 善通・黒崎 直	13047-5
第48号	1994年7月	縄文社会と土器	小林 達雄	13048-2
第49号	1994年10月	平安京跡発掘	江谷 寛・坂詰 秀一	13049-9
第50号	1995年1月	縄文時代の新展開	渡辺 誠	13050-5

※「季刊 考古学 OD」は初版を底本とし、広告頁のみを除いてその他は原本そのままに復刻しております。初版との内容の差違はございません。

「季刊 考古学　OD」は全国の一般書店にて販売しております。なるべくお近くの書店でご注文なさることをおすすめしますが、とくに手に入りにくいときには当社へ直接お申込みください。